Sonja Jäger: Hunde naturheilkundlich behandeln

Hunde naturheilkundlich behandeln

Krankheitsvorsorge und
Erste-Hilfe-Maßnahmen

Dr. Werner Jopp Verlag
Wiesbaden

1., 2., 3., 4. Auflage 1998, 1997, 1996

Die Deutsche Bibliothek - CIP-Einheitsaufnahme

Jäger, Sonja:
Hunde naturheilkundlich behandeln: Krankheitsvorsorge und Erste-Hilfe-Maßnahmen / Sonja Jäger. –
Wiesbaden : Jopp, 1996
ISBN 3-926955-75-9

Umschlaggestaltung: Kreativ Design Gerd Aumann, Wiesbaden
Zeichnungen: Brigitte Braun-Dähler, Bad Schwalbach
Druck und Bindearbeiten: Druckerei Fritz Steinmeier, Nördlingen
Printed in Germany
ISBN 3-926955-75-9

Inhaltsverzeichnis

Vorwort

Liebe Leserin, lieber Leser,

immer wieder greifen wir heute auf zum Teil noch bekannte und bewährte Hausmittel zurück, um unseren Vierbeinern im Krankheits- und Verletzungsfall zu helfen. Da es eine unübersehbare Zahl von Mitteln und Medikamenten gibt, die eine Übersicht nahezu unmöglich machen, wurde dieses Buch von mir aus der Praxis für Sie geschrieben. Es soll Ihnen helfen, Krankheiten vorzubeugen, sie aber auch rechtzeitig zu erkennen und gegebenenfalls unterstützend zu behandeln.

Das Buch wurde jedoch nicht geschrieben, um aus Ihnen einen „tiermedizinischen Heimwerker“ zu machen. Betonen möchte ich, daß grundsätzlich alle Erkrankungen diagnostisch bzw. differentialdiagnostisch abgeklärt werden müssen und erst dann eine Behandlung begonnen werden kann und soll.

Bei der Beschreibung der verschiedenen Erkrankungen und deren Behandlung habe ich mich nun darauf beschränkt, die für die Erkrankung charakteristischen Symptome aufzuzeigen und Sie nicht mit Fachausdrücken zu belasten. Das Buch hat daher keinesfalls den Anspruch auf Vollständigkeit. Auch die aufgeführten Therapieempfehlungen sind absichtlich begrenzt gehalten, um nicht durch eine endlose Liste an Möglichkeiten für Verwirrung zu sorgen. Vor allem wurde berücksichtigt, daß Sie hier die Gelegenheit haben, sinnvoll und unterstützend zu wirken. Trotz der Vielfalt der Möglichkeiten möchte ich doch den Hinweis nicht versäumen, daß den meisten Krankheiten vorgebeugt werden kann.

Herzlich bedanken möchte mich bei meinem Mann und bei Frau Margret Küchler, die mich bei diesem Buch durch Anregungen und Ratschläge tatkräftig unterstützten. Auch dem Verlag gebührt mein besonderer Dank, hat er es doch ermöglicht, daß dieses Buch in einer sinnvollen und ansprechenden Ausstattung erscheinen kann.

Sonja Jäger

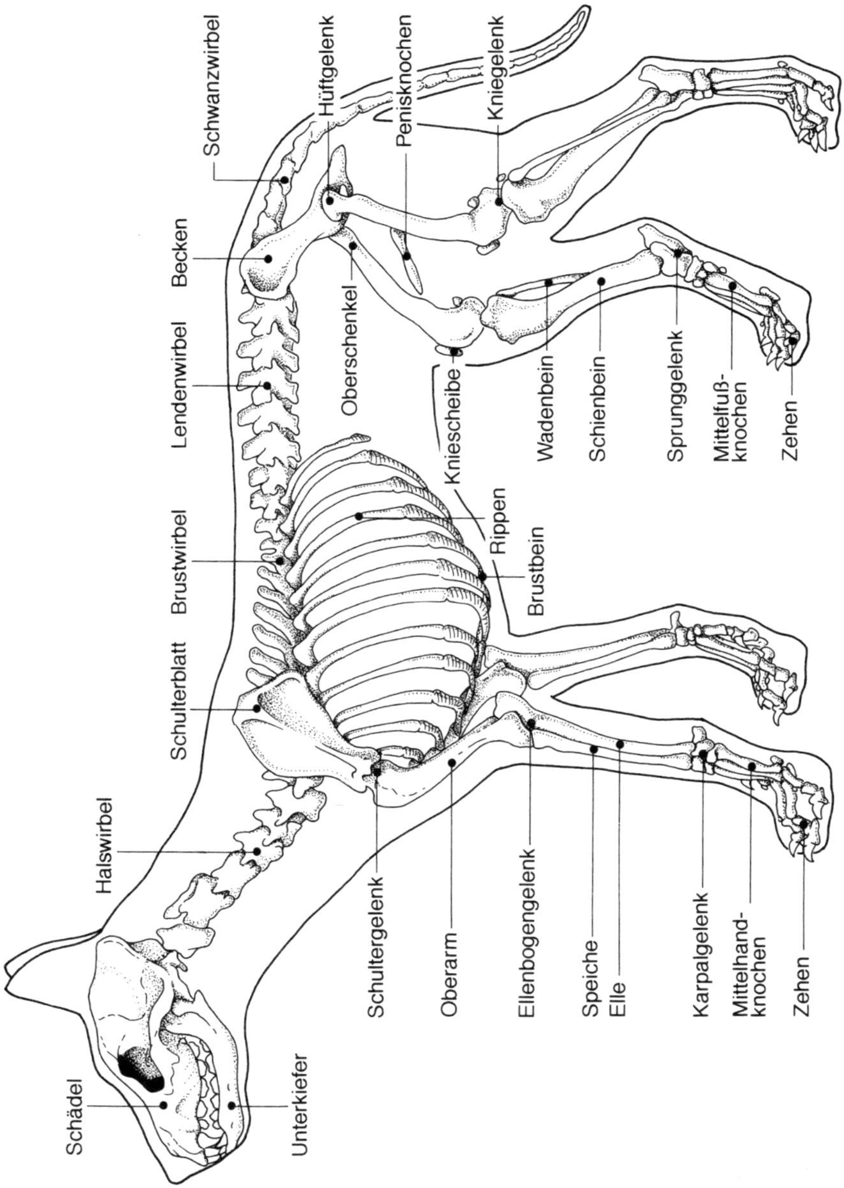

Das Skelett des Hundes

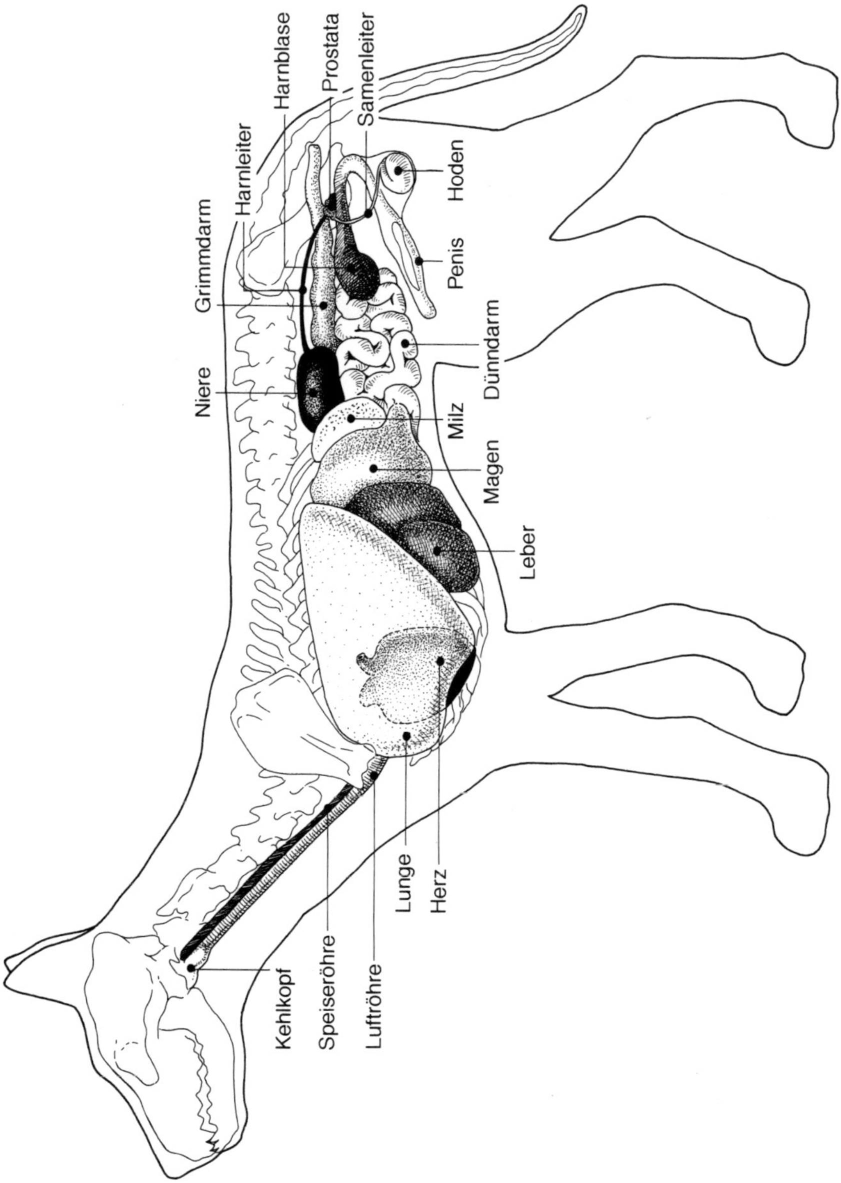

Die inneren Organe des Hundes

Homöopathie

Der deutsche Arzt Christian Friedrich Samuel Hahnemann (10. April 1755 – 2. Juli 1843), Begründer der heutigen Homöopathie, prägte für die von ihm vertretene Therapie den Grundsatz „Simila similibus curantur“ (Ähnliches wird mit Ähnlichem geheilt). Ähnliche Heilkunstprinzipien sind auch in der Antike (Hippokrates) und im Mittelalter (Paracelsus) erwähnt worden.

Die Homöopathie nimmt ihre Arzneistoffe aus der Pflanzen- und Tierwelt, den Mineralien sowie von der chemischen Industrie. Abweichend von der Allopathie bereitet sie zunächst aus den verschiedenen Arzneisubstanzen Essenzen, Tinkturen, Lösungen oder Verreibungen von einem bestimmten Arzneigehalt. Diese werden dann nach bestimmten Regeln weiter verdünnt. Ausgegangen wird von den festen „Urstoffen“ oder der flüssigen Essenz, auch „Urtinktur“ genannt. Grundsätzlich erfolgt die Verdünnung nach einem bestimmten Schema, das „Potenzierung“ genannt wird.

Während Hahnemann die *Centesimalpotenz* einführte, ist heute überwiegend die *Dezimalskala* (D = Dezimalpotenz) gebräuchlich.

Die Potenzierung wird auf folgende Weise vorgenommen: 1 Teil der Ursubstanz wird mit 9 Teilen Verdünnungsmittel (Weingeist, Wasser, Milchzucker) zur 1. Dezimalpotenz (D 1) verrieben oder verschüttelt. Hiervon wird 1 Teil wiederum mit 9 Teilen Verdünnungsmittel verrieben oder verschüttelt, und man erhält die Dezimalpotenz (D 2).

In gleicher Weise gewinnt man weitere Dezimalpotenzen.

Medikamentgaben in der Homöopathie

- Häufigere Medikamentgaben (stündlich) erfolgen bei akuten Erkrankungen, weniger häufige Gaben (1–3mal täglich) bei chronischen Erkrankungen.
- In akuten Fällen muß somit das Medikament recht massiv einwirken, deshalb wird hier eine niedere Verdünnung (z. B. D 4) gewählt; in chronischen Fällen dagegen ist die höhere Verdünnung (z. B. D 30) allerdings in sparsamer Dosis anzuwenden.

Zeigt die Behandlung den gewünschten Erfolg, gibt man das Medikament nicht mehr und wartet, ob eine völlige Heilung eintritt.

Macht die Gesundung keine weiteren Fortschritte, gibt man das gleiche Medikament nochmals, dann allerdings in geringerer Menge.

Bei chronischen Erkrankungen bedarf es einer gewissen Anlaufzeit, um eine Wirkung feststellen zu können. Ist spätestens nach 10 Tagen keinerlei Wirkung festzustellen, wird das Medikament abgesetzt und – falls weitere Medikamente gegen die Erkrankung empfohlen wurden – auf diese übergewechselt.

In der Homöopathie sind durchaus „spontane" Heilerfolge zu beobachten, ebenso die sogenannten „Erstverschlimmerungen". Diese Erstverschlimmerungen bestätigen, daß das richtige homöopathische Medikament verabreicht wurde. Bei einer Erstverschlimmerung wird die eigentliche tägliche Dosis von 3 Verabreichungen auf 2 Dosen oder auf 1 Dosis herabgesetzt.

Hin und wieder ist zu beobachten, daß die Heilung auch einsetzt, obwohl keine Erstverschlimmerung festzustellen war.

Die Auffassung, daß homöopathische Medikamente unschädlich und harmlos seien, ist so nicht richtig. Eine falsche, planlose und unkontrollierte Behandlung kann eine Verschlimmerung der Erkrankung hervorrufen, und außerdem kann wertvolle Zeit verlorengehen.

> Die einwandfreie Diagnose eines Fachmannes ist die Grundlage für eine individuell angepaßte Behandlungsweise.

Homöopathische Medikamente werden vorzugsweise 1/2 Stunde vor dem Füttern verabreicht.

Als Autorin dieses Buches bin ich der Meinung, daß es falsch ist, sich aus Prinzip ausschließlich auf die biologisch-homöopathische Heilkunde einzustellen. Es gibt Fälle, bei denen eine allopathische Behandlung vorzuziehen ist. Andererseits gibt es Krankheiten, bei denen die Homöopathie weitaus mehr erreichen kann als allopathische Medikamente. Die Behandlungsmethode wird hier durch die Diagnose entschieden.

> Eine gleichzeitige homöopathisch-allopathische Behandlung ist nicht angebracht.

Verabreichungsformen und Dosierung

Tabletten

Die normale Dosis pro Tag: 3mal täglich 1 Tablette

Tropfen

Die normale Dosis pro Tag: 3mal täglich je 5 Tropfen
(1 Tablette entspricht 5 Tropfen)

Bei akuten Erkrankungen werden die Tropfen oder Tabletten alle 2 Stunden verabreicht.
Für die Behandlung einer Erkrankung werden zwar mehrere Medikamente empfohlen, grundsätzlich sind jedoch nicht alle zugleich anzuwenden, sondern nur eines davon. Wenn es allerdings erforderlich wird, können durchaus 2 miteinander verträgliche Medikamente gleichzeitig verabreicht werden, z. B. Hormeel und Pulsatilla.

Globuli

Die normale Dosis pro Tag: 3mal 4 Globuli.

Ampullen (orale Medikation)

Ampullenpräparate sind hauptsächlich zur Injektion bestimmt. Das bedeutet allerdings nicht, daß Sie Ihren Hund mit Injektionen malträtieren müssen. Die Ampullen können auch oral (durch den Mund) verabreicht werden. Hierbei hat es sich von der Wirkungsweise her sehr gut bewährt, wenn Sie das Ampullenpräparat dem Hund *unverdünnt* eingeben. Der Ampulleninhalt ist fast geschmacklos und stört den Hund beim Einnehmen nicht besonders.
Einige Pharmahersteller empfehlen, 1 Ampulle mit 1 Tasse Wasser zu vermischen und über den Tag verteilt schluckweise einzugeben. Dies ist jedoch für die Behandlung von Menschen bestimmt und für Tiere so nicht anwendbar.
Auch das Vermischen des Ampulleninhalts mit dem Trinkwasser des Hundes ist nicht besonders empfehlenswert, da meist Wasser im Napf übrig bleibt und somit das Medikament nicht vollständig aufgenommen wird.
Es gibt natürlich auch Hunde, die ihre Wassernäpfe täglich leertrinken. Aber bestimmt dann, wenn Sie sich darauf verlassen und Medikamente ins Wasser geben, hat Ihr Hund absolut keine Lust, seinen Napf leerzuschlabbern.
Also ist es am sichersten, die Medikamente direkt ins Maul zu geben.

Dosierung:

1 ml Ampulleninhalt:	2mal täglich 1 Ampulle
2 ml Ampulleninhalt:	2mal täglich 1/2 Ampulle

Im akuten Fall ist die Dosierung zu verdoppeln.

Pharmazeutische Präparate

Bei Tierarzneimitteln: Dosierung nach Packungsbeilage.
Bei Medikamenten aus der Humanmedizin:

kleine Hunde	Dosierung für Babys
mittelgroße Hunde	Dosierung für Kleinkinder
große Hunde	die Hälfte der Dosierung für Erwachsene

Das Eingeben der Medikamente

Tropfen:
Tropfen enthalten Alkohol in unterschiedlicher Konzentration.Kaum einem Hund schmecken diese mit Alkohol versetzten Tropfen.
Am besten vermischen Sie deshalb diese Tropfen mit etwas kaltem Wasser; dadurch wird dieses Alkohol-Tropfen-Geschmackserlebnis des Hundes nicht allzu schrecklich.

Tabletten:
Tabletten werden meist in einem Leckerli versteckt und verabreicht, mit dem Erfolg, daß das Leckerli verschluckt wird und die Tablette vor den Füßen des Besitzers landet.
Die auf Milchzuckerbasis hergestellten homöopathischen Tabletten können zerdrückt und direkt auf die Zunge des Hundes gestreut werden.
Homöopathische Tabletten sollten, um ihre größtmögliche Wirkung zu erreichen, im Maul des Hundes zergehen. Ihr Hund wird sich dabei allerdings wenig kooperativ zeigen.
Folgendes hat sich in der Praxis bewährt:
Hunde verstehen es immer wieder mit Erfolg, Tabletten, die als Ganzes geschluckt werden müssen, trotz einfallsreicher Tricks ihrer Besitzer auszuspucken. Gelingt es Ihnen nicht, die Tablette hineinzupraktizieren, so sollte auf eine bei Hunden wenig beliebte Methode zurückgegriffen werden: das Hundemaul aufmachen und die Tablette weit nach hinten auf die Zunge legen. Dann halten Sie das Maul kurz zu und hoffen, daß der Hund die Tablette auch wirklich schluckt. Diese Hoffnung wird meist erfüllt, wenn auch die Prozedur oft mehrmals wiederholt werden muß.
Natürlich gibt es auch Hunde, die Tabletten völlig problemlos aufnehmen – zur Freude ihrer Besitzer.

Erkrankungen des Auges

Die Augen eines Tieres sowie deren Umgebung sagen dem Tierhalter bei genauer Betrachtung und Beachtung sehr viel. In ihnen spiegeln sich sowohl das Gefühlsleben als auch die Gesundheit wider. Augen können zornig blicken, wenn sich der Erzfeind nähert, und hingebungsvoll, wenn sie um Herrchens Frühstücksbrot betteln. Aber immer – und das ist das A & O – sollten sie glänzend, klar und offen blicken.

Beim gesunden Hund tränen sie nicht, und auch die Lidränder sind sauber und ohne jegliche Veränderung. Eine morgendliche „Schlafkatze" (weißliches Sekret) im inneren Augenwinkel ist allerdings kein Grund zur Aufregung, sondern ganz normal. Daher ist auch eine tägliche Augenpflege nicht nötig, es sei denn, Ihr Hund hat bereits rassespezifische Probleme (s. Seite 21) mit den Augen (worüber Sie sich vor oder beim Kauf des Tieres sicherlich schon informierten).

Sofern diesbezüglich jedoch keinerlei Probleme bestehen, genügt es bei Bedarf, dem Hund mit einem feuchten und selbstverständlich auch sauberen Tuch über die Augen zu wischen. Tägliche Augenspülungen oder gar Augenbäder am gesunden Auge aus übertriebener Fürsorge hingegen sind keinesfalls erforderlich.

Nicht übertrieben ist es allerdings, wenn Sie Ihrem Hund nach einem Spaziergang durch Wiesen, Felder und Wald die Augen auf Grannen, Schmutzteilchen oder hängengebliebene Pflanzensamen kontrollieren.

Auch Zugluft jeglicher Art, ob im Auto, im Zug oder im Hausflur, sollte genauso vermieden werden, wie Sie dies als unangenehm empfinden würden. Denn Zugluft ruft die doch sehr unangenehme Bindehautentzündung hervor.

Und – rauchende Hunde gibt es nicht, aber rauchende Besitzer. Auch dieses für den Besitzer als so angenehm und entspannend empfundene Laster ist für den Hund eine Last und führt ebenso zu Augenentzündungen, besonders wenn sich das Tier auch noch in stark verqualmten Räumen aufhalten muß.

Lidbindehautentzündung (Konjunktivitis)

Symptome

Eine Konjunktivis beginnt mit Juckreiz, Lichtempfindlichkeit und Rötung, später folgen dann Augenausfluß, verklebte Lider und Anschwellen derselben.

Ursachen

Hervorgerufen wird sie – wie eingangs schon erwähnt – u. a. durch Staub, Rauch, Grannen und Zugluft, aber auch durch kleine Insekten, die sich hartnäckig am Lidrand halten und dadurch einen Reiz hervorrufen.
Bekannt ist auch das *Entropium* (Einwärtsrollen der Lidränder) bei Chow-Chow, wobei die Wimpern fortwährend die Binde- und die Hornhaut reizen.
Das *Ektropium* (hängendes Unterlid) bei Bernhardinern ist weniger häufig und in der Regel beschwerdefrei, jedoch kann sich sehr wohl Schmutz in der Lidtasche sammeln und nachfolgend zu einer Konjunktivitis führen.
Beide Erkrankungen können züchterisch bedingt und nicht durch äußere Reize hervorgerufen sein .
Allergische Reaktionen, z. B. auf Pollen und sonstige Umwelteinflüsse oder im Verlauf einer Staupeerkrankung, Mangel an Vitamin A und/oder Tränenflüssigkeit.können sich ebenfalls in Form einer Konjunktivitis äußern.

Rassespezifische Disposition

Für eine Konjunktivitis sind einige Hunderassen besonders prädestiniert, so z. B. Spaniel, Gordon-Setter, Boxer, Bernhardiner, Berner Sennenhunde, Basset. Betroffen sind auch Hunde mit feinen, langen Haaren die „ins Auge gehen können", z. B. Yorkshire-Terrier, Lhasa-Apso, Pekinese, Malteser, Pudel, Shi-Tzu. Bei diesen Hunden wäre es angebracht, im Augenbereich die Haare vorsichtig zu kürzen.

Therapiemöglichkeiten

Am besten reinigen Sie die Augen mit einem feuchten, sauberen Tuch oder Wattebausch.
Eingedrungende Fremdkörper sind unter größter Vorsicht zu entfernen oder durch Augentropfen, z. B. Conjunctisan B, auszuspülen.
Bei Ausspülungen ist immer eine körperwarme Spülung zu verwenden. Auf Spülungen mit der altbekannten Kamille sollten Sie jedoch verzichten, denn durch Schwebeteilchen kann das Auge zusätzlich gereizt werden. Ebenso ist das bewährte Borwasser nicht über einen längeren Zeitraum anzuwenden, da es Haarausfall an den Augenrändern bewirkt.

Homöopathisch:
- *Euphrasia D 2–D 4:* bei Rötung und Schwellung der Bindehaut sowie bei klarem Tränenfluß
- *Graphites D 8:* bei vereiterten und verklebten Augen
- *Belladonna D 6:* bei Lichtscheue, Schmerzhaftigkeit im Wechsel mit Apis mellifica D 3
- *Natrium chloratum D 12:* bei chronischem Tränenfluß
- *Argentum nitricum D 6–D 12:* chronische Entzündung, eitriger Ausfluß

Phytotherapeutisch:
- Schafgarbe, Salbei und Eibisch (Aufguß), äußerlich 2–3mal täglich angewendet, wirken entzündungshemmend.
- Calendula-Hypericum-Gemisch nach der Entfernung von Fremdkörpern zur Schmerzlinderung. 1/2 Teelöffel Calendula-Hypericum auf 1/2 Tasse lauwarmes Wasser.

Pharmazeutisch:
- *Conjunctisan-B*-Augentropfen
- *Euphrasia*-Augentropfen
- *Actyhämyl*-Augengel 20 %
- *Oculoheel*-Tabletten
- *Vidisic*, Tränenflüssigkeit
- Vitaminpaste *Nutri-Plus-Ge*l oder *Pfizer-Paste*

(Dosierung entsprechend der Herstellerangaben.)

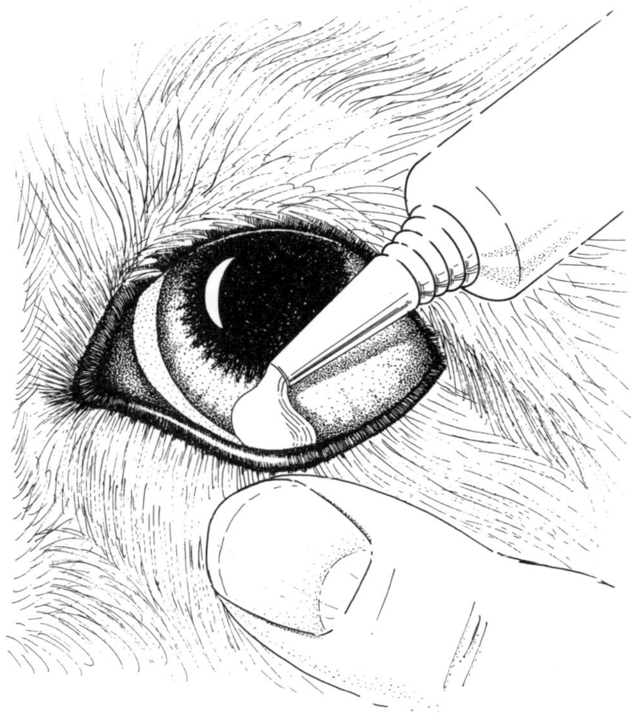

So wird die Salbe auf die Bindehaut des abgespreizten Unterlids gebracht. Sie verteilt sich durch sanfte Massage des geschlossenen Auges.

Bei sehr hartnäckiger Konjunktivitis ist es ratsam, einen Abstrich des Augensekrets zur bakteriologischen Untersuchung zu geben.
Angeborene Ursachen, wie z. B. Entropium oder Ektropim, sind nur durch eine Operation zu beheben.

Gerstenkorn

Ein solches entsteht durch Entzündung und Vereiterung der kleinen, am Lidrand befndlichen Drüsen. Das Augenlid schwillt zunächst an und rötet sich. Danach bildet sich ein gelbliches, eitergefülltes Knötchen, das keinesfalls ausgedrückt werden darf.

Therapiemöglichkeit

Um die Reifung dieses entzündlichen Prozesses zu beschleunigen und die zweifelsohne vorhandenen Schmerzen zu lindern, sind wiederholte körperwarme Kompressen, getränkt mit einem Aufguß an Augentrost (Euphrasia) angebracht. Das angestaute Sekret kann damit zum Abfließen gebracht werden. Entleert sich der Eiter in einem besonders hartnäckigen Fall nicht von selbst, muß durch eine kleine Operation Abhilfe geschaffen werden.

Hornhautentzündung (Keratitis)

Die Keratitis ist eine entzündliche Erkrankung der Hornhaut, die sowohl äußerliche als auch innerliche Ursachen haben kann. Die durchsichtige Vorderfläche des Augapfels wird als Hornhaut bezeichnet. Sie setzt sich seitlich im „Weiß" des Augapfels fort. Bei einer Entzündung sammeln sich bestimmte entzündliche Produkte im geschädigten Gewebe an.

Symptome

Auf der sonst glänzenden, klaren Hornhaut entstehen graue/graubläuliche Trübungen, die sich über einzelne Partien oder sogar über die ganze Hornhaut erstrecken. Tränenabsonderung und Lichtscheue sind dabei ebenso festzustellen wie vermindertes oder herabgesetztes Sehvermögen.

Durch bakterielle Infektionen bilden sich im weiteren Verlauf des Krankheitsgeschehens geschwürige Veränderungen, was zur Folge hat, daß die Geschwüre die ganze Hornhaut durchdringen und somit das Augenwasser in die vordere Augenkammer abfließen kann.
Im Verlauf einer Hornhautentzündung kann es auch zu einem Vorfall der Regenbogenhaut und der Linse kommen.

Ursachen

Eine Keratitis ist zumeist auf äußere Einflüsse zurückzuführen. Dies geschieht z. B. beim Streifen durchs Gebüsch, durch ein zurückschnellendes Ästchen, das genau das empfindliche Auge trifft. Eine ins Auge geratene Granne oder ein Fremdkörper können ebenso ursächlich sein wie ein Hieb durch eine krallenbewehrte Katzenpfote. Innere Ursachen, wie z. B. Staupe oder bestimmte Stoffwechselerkrankungen, können sich ebenfalls in der Form einer Keratitis zeigen.

Rassespezifische Disposition

Alle Hunde mit rundem, kleinem Oberschädel, deren Augen hervortreten, neigen stark zu diesem Krankheitsbild, so z. B. Mops, Pekinese, Lhasa-Apso, Shi-Tzu. Zumeist liegt eine erblich bedingte Disposition vor.

Therapiemöglichkeiten

Homöopathisch:
- *Apis mellifica D 3–D 4:* bei Hornhauttrübung
- *Euphrasia D 3:* bei Tränenfluß, Lichtscheu

Pharmazeutisch:
- *Conjunctisan A,* Augentropfen

Manchmal ist es auch unumgänglich, daß größere Geschwüre unter Narkose ausgeschabt werden müssen. Auch eine Antibiotika-/Kortison-Salben-Behandlung sollte, wenn nötig, vorgenommen werden.

Grüner Star (Glaukom)

Beim sogenannten grünen Star bildet sich in gesteigertem Maße Kammerwasser, ohne daß dieses in ausreichender Form wieder abfließen kann. Dadurch steigert sich pathologisch derAugeninnendruck.

Symptome

Der ganze Augapfel vergrößert sich, in manchen Fällen kann das Augenlid nicht mehr vollständig geschlossen werden. In der Folge sind Lichtscheu, Schmerzhaftigkeit und das Nachlassen der Sehfähigkeit festzustellen.
Bei einem akuten Glaukom sollten sofort Maßnahmen ergriffen werden, welche die Senkung des Augeninnendrucks durch die Reduktion der Kammerwasserproduktion bewirken.

> Das akute Glaukom stellt immer eine Notfallsituation dar. Hier ist sofortige Behandlung nötig.

Therapiemöglichkeiten (nicht bei akutem Glaukom)

Homöopathisch:
- *Apis D 6*
- *Belladonna D 12*
- *Gelsemium D 30*
- *Spigelia D 6*

Pharmazeutisch:
- *NeyOphtin (Nr. 58)*

- *Retina*
- *Chorioidea*
- *NeyOphton (Nr. 52)*
- *Conjunctisan A*
- *Lens (Nr. 40)*
- *Nukleozym Comp. 12*
- *Oculoheel*

Grauer Star (Katarakt)

Mit dem grauen Star werden jegliche Arten von Linsentrübungen bezeichnet, wobei je nach Entstehung die Arten unterschieden werden (z. B. angeboren/erworben, die ganze oder nur Teile der Linse betreffend usw.)

Symptome

In der Pupille ist eine unterschiedliche, weißliche oder gelbbräunliche Trübung zu erkennen (Punktstar, Strichstar). Die Pupille ist erweitert, selten ist ein Tränenfluß festzustellen.

Ursachen

Bei älteren und auch bei zuckerkranken Hunden kommt diese Eintrübung der Linse am häufigsten vor. Natürlich sind auch Verletzungen der Linse durch einen kleinen Kampf mit der Katze des Nachbarn oder sonstige äußere Einwirkungen möglich.

Therapiemöglichkeiten

Bei grauem Star ist eine Linsenentfernung oder Linsenersatz die beste Lösung.

Erkrankungen des Ohres

Normalerweise reinigen Hundemütter ihren Welpen zärtlich mit der Zunge die Ohren. Beim erwachsenen Hund sind nun Sie, der Besitzer, gehalten, die Ohrenpflege zu übernehmen.

Doch leider werden die Ohren des Hundes allzu oft vernachlässigt. Dabei möchte ich nicht unterstellen, daß Sie nicht kontrollieren wollen, sondern Sie denken einfach nicht an eine solch verhältnismäßig profane Sache. Aber eine stete Kontrolle der Ohren, wozu eben auch das Hineinschauen und Hineinriechen gehört, beugt Ohrenerkrankungen vor. Sie brauchen in der Tat kein Mediziner zu sein, um einen „unangenehmen Geruch" feststellen zu können, der für Sie dann das Signal sein muß, spätestens jetzt etwas zur Reinigung zu unternehmen.

Besondere Aufmerksamkeit ist all denjenigen Hunderassen zu widmen, die Hänge- oder Knickohren haben, z. B. Setter, Dackel, Münsterländer usw., oder deren Gehörgang stark behaart ist, wie z. B. beim Pudel, Spaniel, Yorkshire-Terrier usw.

Bei Hunden mit Hängeohren empfiehlt es sich, die Ohren zu „belüften". Sie brauchen hierzu nur die Ohren Ihres Hundes aufzuklappen, damit auch Luft im Ohrinneren zirkulieren kann. Am besten durchführbar ist dieses Vorhaben beim ruhenden oder schlafenden Tier. Ihr Vierbeiner wird sich aller Voraussicht nach diese Aufmerksamkeit gerne gefallen lassen.

Bei Hunden mit starker Behaarung des Gehörgangs sollten die Haare regelmäßig durch vorsichtiges Schneiden mit geeigneter Schere (abgerundete Spitze) oder durch Zupfen entfernt werden. Die Methode des Zupfens mag Ihnen vielleicht roh erscheinen, den sogenannten „Naturburschen" unter den Hunden, die nichts und niemand erschüttern kann, wird dieses „Muß" allerdings nicht viel ausmachen, wenn man von einem gelegentlichen Brummeln absieht. Haben Sie jedoch einen sensiblen Hund, der das Zupfen nicht mag, dürfte ein vorsichtiges Schneiden sicherlich angebrachter sein. Zur Reinigung der Ohren nehmen Sie bei Verschmutzungen einen sauberen Lappen, etwas mit Speiseöl getränkt, zur Hand und halten den Kopf des Hundes leicht schräg. Das zu behandelnde Ohr zeigt jetzt nach oben, und Sie können es mit leichtem Druck sanft auswischen. Statt mit einem Lappen können Sie das Ohr in beschriebener Weise auch mit einer um den Zeigefinger gestülpten Watte reinigen.

Übrigens: Hände weg von den Wattestäbchen. Diese sind absolut ungeeignet für Hundeohren und können bei unsachgemäßer Handhabung Verletzungen ergeben. Es genügt, wenn Sie Ihr eigenes Trommelfell malträtieren und ggf. durchstoßen, verschonen Sie aber Ihren Vierbeiner damit.

Blutohr (Othämatom)

Hierunter versteht man eine Ansammlung von Blut oder Lymphe an der Außen- oder/und Innenseite der Ohrmuschel, die nicht vollständig resorbiert wird.

Symptome

Die Ohrmuschel schwillt auf, und an der Außen- und/oder Innenseite der Ohrmuschel zwischen Haut und Ohrknorpel entsteht ein Bluterguß. Das betroffene Ohr ist dabei zwangsläufig meist gespannt, wobei Berührungen gering schmerzhaft sind. Eine schiefe Kopfhaltung nach der kranken Seite sowie Kratzen am betreffenden Ohr und wiederholtes Kopfschütteln können auf ein Blutohr hinweisen.

Ursachen

Die Ursachen für ein Blutohr können vielfältig sein. So sind häufiges Kopfschütteln, Juckreiz (z. B. bei einer Otitis externa), Kratzen, Beißen und Zerren am Ohr oder gar ein Schlag oftmals der Auslöser. Die aufgezählten Ursachen haben dabei alle etwas gemeinsam: Die empfindsamen Blutgefäße im Ohr zerreißen, ein Bluterguß (Hämatom) entsteht.

Therapiemöglichkeiten

Bei kleinen Ergüssen besteht die Möglichkeit, durch heparinhaltige Salben oder Gels eine Verbesserung zu erreichen. Sind zu viele Blutgefäße zerrissen und die Blutfülle im Ohr recht groß, wird es Zeit für eine chirurgische Intervention. Dies bedeutet die Spaltung des Hämatoms, damit das ergossene Blut abfließen kann. Einige Tage danach müssen dann noch die Blutgerinnsel entfernt werden.
Um wiederholte Blutungen zu vermeiden, ist ein Ohrenverband nötig, der zwar von Ihrem Liebling sicherlich nicht gern angenommen wird, aber trotzdem halten sollte. Nach einer solchen Behandlung sieht nun manchmal das betroffene Ohr nach der Heilung wie ein „Blumenkohlohr" aus, jedoch können dafür weder der Hund noch der Therapeut zur Verantwortung gezogen werden..
Nicht immer sind jedoch solch drastische Maßnahmen erforderlich. Je nach Schwere des Falles können auch die nachfolgenden Therapien angewandt werden:

Homöopathisch:
- *Hamamelis D 1:* bei frisch aufgetretenem Blutohr (Erguß)
- *Acidum hydrochloricum D 6 / D 12:* bei größerer Schmerzhaftigkeit
- *Arnika D 4, D 6:* bei auftretenden Blutungen

Phytotherapeutisch:
- Johanniskrautöl
- Arnikasalbe

Pharmazeutisches Angebot:
- *Traumeel S-Salbe*
- *Exhirud-Gel*

Ohrzwang (Otitis externa)

Ohrzwang bedeutet immer eine Entzündung der häutigen Auskleidung des äußeren Gehörgangs.

Ursachen

Beim Ohrzwang entzündet sich die feine Haut des Ohrinneren.
*Äußere Ursache*n können Verletzungen, Wasser, Grannen, reizende Medikamente oder Parasiten (Ohrmilben) sein, aber natürlich auch eine unsachgemäße Ohrreinigung, so z. B. mit Stäbchen mit und ohne Watte und sonstigem ungeeignetem „Werkzeug".
Innere Ursachen findet man besonders auch bei langohrigen Hunden (Rassedisposition), bei denen keine oder nur eine ungenügende Belüftung des Ohres stattfindet. Auch Hunde mit sehr dichter Behaarung des Gehörgangs sind gefährdet.
Der naturheilkundliche Therapeut *(Betrachter)* wird allerdings auch eine Infektionskrankheit und / oder eine Stoffwechselstörung mit in seine Überlegungen für eine Diagnose einbeziehen. Ein einseitiger Ohrzwang, zumal auf der rechten Seite, deutet meist auf einen gravierenden Fütterungsfehler hin, wobei Leber, Niere und Darm überbeansprucht sind. Bei linksseitigem Ohrzwang sind die Schilddrüse sowie die Geschlechtsorgane mit zu berücksichtigen.

Symptome

Bei dieser Erkrankung kratzt sich Ihr Vierbeiner häufig an den Ohren und schüttelt wiederholt den Kopf. Dies ist durch den starken Juckreiz bedingt.

Der äußere Gehörgang zeigt entzündliche Veränderungen auf, z. B. Rötung, Schwellung, vermehrte Wärme sowie Schmerzhaftigkeit.
Falls auch noch Bakterien mitbeteiligt sind, wird dazu noch eine gelbliche, klebrige Flüssigkeit (Eiter) ausgeschwitzt, die einen recht üblen Geruch verbreitet. Bei leichtem Drücken und Kneten des Ohrgrunds können Sie ein leicht „quatschendes" Geräusch hören.
Bei der schweren Form der Erkrankung kommt es zur teilweise extremen Kopfschiefhaltung, wobei sich durch das ständige Kopfschütteln ein Othämatom (Blutohr) bilden kann (s. dort).
Bei chronischer Otitis externa sind Verdickungen der Ohrhaut und des Gehörgangs zu beobachten.

Therapiemöglichkeiten

Zunächst wird das Ohrinnere sorgfältig gereinigt, und lange und verklebte Haare werden vorsichtig entfernt. Die Reinigung des Gehörgangs kann z. B. mit 3 % H_2O_2 (Wasserstoffsuperoxid) oder anderen handelsüblichen Ohrreinigungspräparaten vorgenommen werden.

Homöopathisch: äußerlich angewendet:
- *Ballistol-Öl:* bei nicht eitriger Entzündung
- *Kalanthol-Öl:* dto.
- *Calendula-Tinktur:* dto.
- *Echinacea-Tinktur:* dto.
- *Hypericum-Öl:* dto.
- *Calendula-Salbe:* bei stark gereizter, wunder Haut der Ohren
- *Hamamelis-Salbe:* dto.

Homöopathisch: innerlich angewendet:
- *Arsencum album D 6:* bei Juckreiz und Hautreizungen durch Milben
- *Chamomilla D 6:* bei Ohrenschmerzen
- *Echinacea-Hewert:* bei Hautreizungen / Entzündungen
- *Ferrum phosphoricum D 12:* bei beginnender Ohrerkrankung
- *Graphites D 4:* übermäßiges Ohrenschmalz, geringe Schmerzhaftigkeit, leicht übelriechendes Sekret

- *Hydrastis D 6:* Ohrenausfluß ist übelriechend
- *Hepar sulfuris D 6:* dto.
- *Kalium fluoratum D 6:* geschwollenes, gerötetes Ohr
- *Ledum palustre D 4:* stark gereizte, wunde Haut der Ohren
- *Mercurius solubilis D 12 / D 30:* bei gesamter Symptomatik (s. o.)

Pharmazeutisches Angebot:
- *Ohrreiniger*, z. B. Fortan-Ohrenpflegemittel
- *Penochron Camill-Reinigung*
- *Auresan Vorbeuge*
- H_2O_2 3%ige Lösung
- *Kamillosan*
- *Ballistol-Öl*
- *Triplexan:* bei Milbenbefall
- *Anaesthesin-Salbe 10 %:* starker Juckreiz durch Milben
- *Fertigpräparate mit Benzylbenzoat:* dto.
- *Paraffinöl*

Unterstützende Therapie
- Vitaminbeigaben, z. B. mit handelsüblicher Vitaminpaste bzw. -tabletten

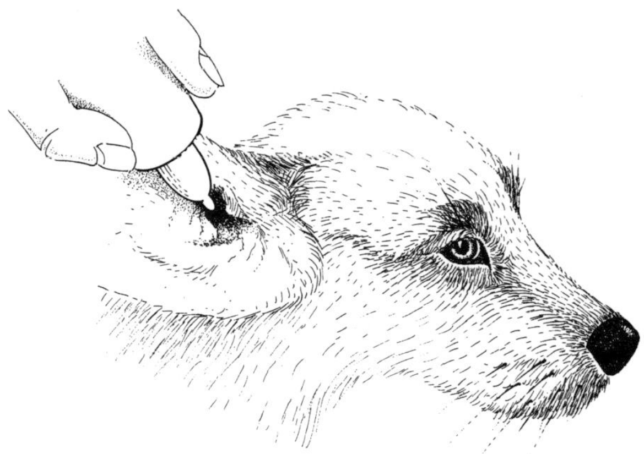

Die Tropfen brauchen nicht tief in den Gehörgang eingebracht werden, sie rinnen von selbst hinein. Das Wegziehen der Ohrmuschel nach hinten und oben entfaltet das Ohr und erleichtert das Eindringen der Tropfen.

Erkrankungen der Leber

Die Leber ist eine der größten Drüsen im tierischen Körper und zugleich ein Organ mit vielseitigen Funktionen. Sie hat eine entscheidende Bedeutung für den Stoffwechsel und bei der Vewertung der Nährstoffe, denn ihre Aufagabe ist es, aus dem ihr zugeführten Pfortaderblut Fett, Eiweiß und Kohlenhydrate umzuwandeln in lebensnotwendige, für den Organismus verwertbare Stoffe. Durch die Gallensekretproduktion ist die Leber auch in den Fettstoffwechsel eingebunden.

Gleichzeitig hat die Leber eine „Filterfunktion"; denn verschiedene Giftstoffe werden aus dem zugeführten Blut gleich in für den Körper unschädliche Substanzen umgewandelt und mit der Galle über den Darm ausgeschieden.

Dieser Fähigkeit der Leber sind allerdings Grenzen gesetzt. Da in erster Linie nur solche Stoffe entgiftet werden, an deren bestimmte Stoffwechselprodukte sie gewöhnt ist, können „Fremdgifte" nur in begrenztem Umfang unwirksam gemacht werden. Gegebenenfalls passieren solche Gifte den „Filter" gänzlich unverändert.

Vordergründig sind Fütterungsfehler die Ursache und zunehmend auch die durch unsere Zeit geprägten Streßfaktoren, die zu Lebererkrankungen bzw. sekundären Leberreizungen führen. Durch eine Erkrankung oder durch ständige Reizungen wird das Entgiftungszentrum geschwächt und verliert damit zwangsläufig die Möglichkeit, schädliche Stoffe oder gar Krankheitserreger und deren Stoffwechselprodukte zu entsorgen.

Auch wenn die Fähigkeit der Leber, sich zu regenieren, recht gut ist – und dies sogar nach schweren Erkrankungen –, sollten Sie als Hundehalter alles daransetzen, um Schädigungen der Leber zu vermeiden.

Leberentzündung (Hepatitis)

Eine Hepatitis oder Leberentzündung wird unterschieden in eine akute und eine chronische Verlaufsform. Beide sind sehr ernstzunehmende Krankheiten, da im Nichtbehandlungsfall oder bei zu spätem Erkennen oftmals mit dem frühzeitigen Tod des Tieres zu rechnen ist.

Akute Leberentzündung

Wie der Ausdruck „akut" schon sagt, handelt es sich hier um eine plötzlich auftretende Krankheit, die gekennzeichnet ist von verhältnismäßig stark ausgeprägten klinischen Symptomen, die zum einen die Stärke des eingedrungenen Wirkstoffs (Agens) anzeigen, zum anderen jedoch von der geringen Widerstandskraft des Organismus zeugen. Vom akuten Stadium spricht man, wenn sich die Symptomatik über die relativ kurze Zeit von bis zu etwa 2 Wochen zeigt.

Symptome

Die Krankheitserscheinungen einer akuten Hepatitis zeigen sich durch leichtes bis stark gestörtes Allgemeinbefinden und äußern sich in Leistungsabfall, Appetitlosigkeit, Abmagerung, glanzlosem Fell und manchmal auch in Fieber. Ein Leitsymptom ist die Schmerzhaftigkeit des Leibes in der Leberregion.

Verdauungsstörungen sind die logische Folge aus den gestörten Stoffwechselvorgängen und schlagen sich in morgendlichem Erbrechen und/oder Durchfall nieder, wobei dieser eine sehr helle Färbung aufweist. Außerdem können schlechter Mundgeruch, starke Rotfärbung der Zunge sowie verstärkte Flüssigkeitsaufnahme vorkommen.

In ganz besonders schweren Fällen finden sich dann auch Blutarmut, sehr dunkler Urin, gelbgefärbte Schleimhäute und Augen, Blutungsneigung, unsicherer Gang sowie Krampfanfälle bis hin zur Apathie im Krankheitsbild.

Ursachen

Die Ursachen wurden im Vorspann bereits angedeutet. Im wesentlichen stehen Fütterungsfehler und Streß im Vordergrund. Aber auch Vergiftungen durch Insektizide und andere Gifte (z. B. Rattengift) sowie Blutparasiten und Bakterien sind Auslöser dieser Krankheit. Nicht zu vergessen sind auch verschiedene Viren, die Infektionskrankheiten, wie Staupe, Stuttgarter Hundeseuche (Leptospirose) und die ansteckende Leberentzündung (Hepatitis contagiosa canis), hervorrufen und die Leber schwächen und schädigen.

Therapiemöglichkeiten

Die akute Hepatitis muß umgehend behandelt werden. Erst *nach* einer erfolgreich durchgeführten Behandlung können Sie als Hundehalter die Regeneration u. a. mittels homöopatischer Präparate unterstützen.
An vorderster Stelle steht eine leberschonende, leicht verdauliche Ernährung, welcher vermehrt Kohlenhydrate zugesetzt sind. Die Ernährung besteht vornehmlich aus magerem Fleisch in sehr kleinen Portionen, Reis- oder Haferbrei; Sauermilchprodukten, wie z. B. Kefir, Joghurt sind zuzufüttern.
Um die Akzeptanz dieser Produkte zu erhöhen (nicht alle Hunde mögen Kefir), kann etwas Honig und Traubenzucker zugesetzt werden. Als Zwischenmahlzeiten eignen sich Hüttenkäse und Quark.
Wichtig ist, daß das Futter über den Tag verteilt und in kleinen Portionen verabreicht wird.
Leber-Diät-Futter wird von verschiedenen Firmen angeboten und ist zum Teil im Fachhandel erhältlich.Bei Verabreichung von Trockenfutter sollten Sie auf den Rohproteingehalt achten. Einige Trockenfutter enthalten bis zu 38 % Rohprotein! Für einen lebererkrankten Hund ist dies entschieden zuviel! Ein Rohproteingehalt um 9–12 % ist akzeptabel.

Homöopathisch (als Nachbehandlung)

- *Carduus marianus D 2, D 4:* verhärteter, dunkler Kot, Blähungen, Druckbeschwerden im Bereich des rechten Oberbauchs, Verstopfung, Durchfall im Wechsel

- *Chelidonium D 4:* gelblicher Kot, Kolik, Erbrechen (Galle) dunkler Urin
- *Leptandra D 6:* Abgeschlagenheit, Abmagerung
- *Lycopodium D 6 / D 12:* Abgeschlagenheit, dunkler Urin, reizbar, zurückhaltend bei der Futteraufnahme
- *Mandragora D 12:* bei Blähungen, Abgeschlagenheit
- *Nux vomica D 6 / D 12:* Erbrechen, Durchfall, Leibkrämpfe (nach Fütterungsfehlern und Vergiftungen)
- *Taraxacum D 3:* bei Blähungen, Verstopfung

Phytotherapeutisch:
- *Echinacea purpurea*

Teezubereitungen:
- *Wermut* (Herba Absinthii)
- *Kümmel* (Fructus Carvi cont.)
- *Schöllkraut* (Herba Chelidonii)

können auch als Mischung verabreicht werden, sonst als Einzelverabreichung.

Hydrotherapeutisch:
Soweit möglich und vom Hund zugelassen, sind warme Auflagen in der Lebergegend angebracht. Auch die bewährten Kartoffel- und Heublumenauflagen können Sie verwenden. Die Dauer der Anwendung richtet sich dabei nach der Geduld des Hundes.

Pharmazeutisch:
- *NeyLien (Nr. 45)*
- *Mucosa vesicae felleae (Nr. 53)*
- *Hepar (Nr. 1)*
- *NeyFegan (Nr. 26)*
- *Legalon*
- *Hepeel*
- *Amynin*
- *Lactulose Neda*
- *FegaCoren (Nr. 61)*
- *NeyNephrin (Nr. 63)*

Chronische Leberentzündung

Diese tritt vorwiegend bei älteren Hunden auf und kann durchaus aus einer akuten Entzündung hervorgehen. Sie kann jedoch auch unabhängig davon entstehen. Ein „chronischer" Krankheitsverlauf bedeutet eine allmähliche, schleichende Entwicklung über eine sehr lange Krankheitsdauer, wobei die klinischen Symptome nur schwach ausgeprägt sind. Der krankmachende Wirkstoff ist zwar verhältnismäßig schwach, jedoch ist der Organismus nicht stark genug, um diesen Stoff wirkungsvoll zu eliminieren.

Symptome

Wie bei der akuten Hepatitis stellt sich anfangs auch hier ein leichtes bis stark gestörtes Allgemeinbefinden ein, das mit morgendlichem Erbrechen und/oder hellem Durchfall einhergeht. Bei längerer Dauer kommen durch diesen ständigen Flüssigkeits- und Elektrolytverlust Leistungsabfall, glanzloses Fell und Abmagerung hinzu.
Spätestens hier sollten Sie als aufmerksamer Hundehalter einschreiten und Ihr Tier genauer untersuchen lassen. Sollten Sie dies nicht tun, schließt sich ein folgenschweres, fortgeschrittenes Stadium der Entzündung an, das mit Blutungsneigung, gelb gefärbten Schleimhäuten und Augen, unsicherem Gang bis hin zu Krampfanfällen und Apathie führt.

Ursachen

Im Fall einer von einer akuten Entzündung unabhängig auftretenden chronischen Hepatitis kommen als Ursache Vergiftungen durch Eisen/Arsen und Phosphor in Betracht. Ebenso können jedoch Diabetes (Zuckerkrankheit) sowie Allergien verantwortlich sein. In all diesen Fällen ist der Stoffwechsel des Körpers erheblich gestört, d. h., auch die Entsorgung stimmt nicht mehr. Dadurch bilden sich im Körper sogenannte eigene Stoffwechselgifte, die – weil nicht oder nur unzulänglich ausgeschieden – ihr zerstörendes Werk beginnen.

Therapiemöglichkeiten

Für die chronische Hepatitis gelten gleichermaßen die Therapien, wie sie unter der akuten Hepatitis aufgeführt sind. Auch hier ist dringend zu beachten, daß Sie als Tierhalter die aufgeführten Therapiemöglichkeiten erst *nach* erfolgter Behandlung, also eine Nachbehandlung vornehmen.

Schrumpfleber (Leberzirrhose)

Damit wird die chronische Erkrankung der Leber bezeichnet, bei der als charakteristisches Kennzeichen eine übermäßige Wucherung des zwischen den Leberzellen befindlichen Bindegewebes auftritt. Durch diese Wucherungen wird das drüsige Gewebe der Leber allmählich zerstört und verdrängt. Das ursprüngliche Gewebe verhärtet sich und schrumpft.
Durch den langsamen und leider vor allem auch schleichenden Verlauf sind die Anzeichen nicht sehr deutlich ausgeprägt. Daher ist auf die nachfolgend beschriebenen Symptome besonders zu achten, da sie als Leitsymptome angesehen werden können.

Symptome

In der Regel werden Sie vor allem eine Abgeschlagenheit und Lustlosigkeit feststellen, die auf ein gestörtes Allgemeinbefinden schließen lassen. Kommen dann noch ein hängender Kopf, Apathie und das Bedürfnis hinzu, sich an Türen und Wände anzulehnen, sowie Fieber und verstärkte Flüssigkeitsaufnahme, so ist dies bereits die höchste Alarmstufe.

Ursachen

Als eine Ursache ist – wie eingangs beschrieben – die unbehandelte chronische Hepatitis mit anzusehen. Die 2. Ursache liegt im gestörten Entgiftungsablauf, wenn Ammoniak – freigesetzt bei den im Körper ablaufenden biochemischen Prozessen – über die Harnsynthese nicht mehr oder nur unzureichend ausgeschieden wird.

Therapiemöglichkeiten

Wie Sie aus den Abläufen und Ursachen selbst erkennen können, ist eine Therapie bei Leberzirrhose, vor allem in fortgeschrittenem Stadium, ein nicht sehr erfolgreiches Unterfangen bzw. evtl. gar nicht möglich. In diesem Fall ist es immer davon abhängig, wieviel vom ursprünglichen Gewebe überhaupt noch funktionstüchtig ist und inwieweit dieser Rest gegebenenfalls noch in seiner Arbeit unterstützt werden kann, um zumindest den schnellen und vor allem auch schmerzhaften Zerfall zu hemmen.
Je nach Fortschritt der Krankheit sowie Zustand und Alter des Tieres ist hier sorgfältig abzuwägen, ob dem Leiden nicht ein Ende gesetzt werden soll oder muß.

Pharmazeutisch:
- *Chelidonium Homaccord*-Tropfen oder Ampullen bei Parenchymschäden
- *Glyoxal compositum*-Ampullen zur Anregung der Giftabwehrmechanismen
- *Leptandra compositum*-Tropfen oder Ampullen zur Stoffwechselverbesserung
- *Schwörotox*-Tropfen oder Ampullen zur Anregung der unspezifischen Abwehr

Lebertumor

Ein Lebertumor kommt in der Regel nicht sehr häufig vor, ist dann jedoch meist bösartig. Bei fast allen diesen Fällen geht eine Tumorerkrankung anderer Organe, wie z. B. der Milz oder der Bauchspeicheldrüse, voraus, deren Metastasen sich im Lebertumor manifestieren.

Erkrankungen des Magens

Magenschleimhautentzündung (Gastritis)

Auch bei unseren Hunden kommt immer häufiger die Zivilisationskrankheit Magenschleimhautentzündung vor, hervorgerufen durch äußere und innere Einflüsse, wobei zumindest die äußeren Einflüsse überwiegend vom Menschen verursacht sind. In der Medizin unterscheidet man eine akute und eine chronische Gastritis, wobei beide Arten gleichermaßen unangenehm und schmerzhaft sind.

Akute Magenschleimhautentzündung

Symptome

Es beginnt meist mit einer allgemeinen Appetitlosigkeit, bei der nur zögernd und kaum Nahrung aufgenommen wird. Schon dies sollte bei Ihnen eine erhöhte Aufmerksamkeit hervorrufen, denn jetzt gilt es abzuklären, ob Ihr Vierbeiner lediglich „schnäkelig veranlagt" ist, sprich: ihm das dargereichte Futter einfach nicht zusagt, oder ob er tatsächlich an einer beginnenden Gastritis leidet.

Denn in der Folge wird das Tier nach dem Fressen erbrechen oder zumindest krampfhaft würgen, wobei gelblicher oder rötlicher Schleim abgeht. Es ist sicherlich verständlich, daß der Hund in diesem Fall eine Nahrungsaufnahme ablehnt, aber vorzugsweise kaltes Wasser verstärkt aufnimmt.

Sie werden ferner beobachten, daß zudem vermehrt Gras aufgenommen, jedoch nach einiger Zeit wieder erbrochen wird. Dies ist nicht mit der gelegentlichen Aufnahme von Gras zu verwechseln, die dazu dient, Haare oder schlecht verdauliches Futter (Knorpel, Knochen) wieder hervorzuwürgen. Das Unwohlsein ist Ihrem Tier denn auch deutlich anzumerken, zeigt es sich doch unruhig, wechselt öfters den Liegeplatz und bevorzugt zudem noch den harten Boden und nicht das von Ihnen sorgsam bereitgestellte Körbchen.

Diese Unruhe kann sich Ihnen sogar fast in einer Art von Ängstlichkeit zeigen, vor allem, wenn Sie versuchen, den Bauch abzutasten. Auch ein Hund hat bei einer Gastritis Schmerzen im Bauchbereich, und so kann es möglicherweise auch zu Schmerzäußerungen des Tieres beim Abtasten kommen.

Unschwer werden Sie spätestens jetzt auch eine heiße, trockene Nase, auffallend kalte Ohren und Pfoten sowie einen beschleunigten Puls feststellen. Selbstredend, daß Sie nun schnellstens Fieber messen, da sich bei einem entzündlichen Prozeß in der Regel eine erhöhte Temperatur einstellt.

Ursachen

Die Ursachenfindung ist eventuell eine etwas mühsame und/oder zeitraubende Angelegenheit, wobei Sie zumindest jetzt jeglichen Streß und Hektik (auch bei sich selbst) abbauen und sich die Zeit nehmen sollten, die Wurzel allen Übels festzustellen. Ganz so schwer möchte ich Ihnen dies jedoch nicht machen, deshalb finden Sie nachfolgend eine kleine Checkliste, die Ihnen einige Anhaltspunkte geben wird:

Fütterungsfehler
Haben Sie im Eifer des Gefechts vielleicht zu heißes (direkt aus dem Kochtopf), zu kaltes (aus dem Kühlschrank) oder gar verdorbenes Futter gereicht (dies muß nicht schon schimmeln, es genügt, wenn Sie das Futter über einen längeren Zeitraum offen und ungekühlt stehen lassen)?

Gier
Ist Ihr Vierbeiner einer derjenigen, der jemand anders (egal ob Mensch oder Tier) nichts gönnen kann und daher ruck, zuck hastig alles hinunterschlingt?

Ungenügendes Kauen
Zahnfehler können durchaus eine Ursache sein. Kontrollieren Sie einmal das Gebiß auf möglicherweise falsch gewachsene oder gar lose Zähne.

Unverdauliches
Nimmt Ihr Hund gerne alles auf, was ihm vor die Schnauze kommt? Dabei können auch reizende und unverdauliche Stoffe in den Magen wandern.

Medikamente
Geben Sie Ihrem Hund gegen oder für etwas irgendein Medikament? Dann lesen Sie einmal bei den Nebenwirkungen nach, inwieweit sich hier eine Gastritis bilden kann.

Vergiftung
Können Sie sich vorstellen, daß Ihr Tier vergiftet wurde (Mäuse-/Rattengift oder sonstige Pestizide/Insektizide usw.)?

Schneefressen
Waren Sie im Winter draußen im Schnee, und der Hund hat wie wild getobt? Nach dem Toben ist der Hund durstig, und Schnee ist ja schließlich auch Wasser – aber viel zu kalt.

Infektionskrankheiten
Waren Sie mit Ihrem Tier wegen einer Infektionskrankheit, etwa Leptospirose, Staupe oder Parvovirose, in Behandlung? Eine Folge dieser Krankheiten kann auch eine Gastritis sein.

Organerkrankungen
Wurden irgendwann im Vorfeld einmal Niere, Leber oder Bauchspeicheldrüse auf ihre Funktionstüchtigkeit untersucht, und waren diese Organe in Ordung? Oder hat man gar eine Organerkrankung festgestellt?

Fremdkörper
Hält sich Ihr Vierbeiner vorzugsweise in der Nähe von Kindern auf und hat möglicherweise einen Legostein o. ä. verschluckt?

Nervosität/Streß
Wie eingangs schon erwähnt, auch unsere Hunde lieben Ruhe. Gönnen Sie Ihrem Tier diese? Oder wird es gar zu jeder Veranstaltung, ob laut oder nicht, mitgeschleppt. Muß es tagsüber auf dem Autorücksitz bleiben, möglichst abgestellt an einer vielbefahrenen Straße? Sind Sie möglicherweise selbst ein Workaholic, der nie zur Ruhe kommt und die Nervosität auch auf den Hund überträgt?

Wurmbefall
Haben Sie auch an eine regelmäßige Entwurmung gedacht? Auch wenn Ihr Hund doch „nie" mit anderen Artgenossen zusammenkommt und sich höchstens mal auf einer Wiese oder sogar nur im eigenen Garten tummeln darf, deshalb ist Ihr Hund noch nicht gefeit gegen diese kleinen, allgegenwärtigen Darmparasiten.

Auf das Thema „Vergiftung" möchte ich doch noch näher eingehen. Es ist von Ihnen mit zu überlegen, ob möglicherweise doch eine Vergiftung mit Thallium, Blei, Arsen, Düngemitteln, Herbiziden, Insektiziden sowie Quecksilber stattgefunden hat.
Denken Sie ja nicht, daß in Ihrem Hause keine Vergiftungsmöglichkeit besteht. Die kostbaren Stühle in Ihrem Eßzimmer, an denen Ihr Hund nur mal so zum Vergnügen und mit Genuß herumgekaut hat, können durchaus die Ursache sein. Denn möglicherweise wurden diese mit einer Farbe oder Lasur behandelt, die bei Aufnahme in den Körper ihre giftige Wirkung entfalten.
Und auf eine weitere, ganz „normale" Weise sind Sie dafür verantwortlich, wenn sich der Hund eine Bleivergiftung zuzieht. Dazu genügen Spaziergänge vorzugsweise am Straßenrand oder an Parkplätzen, wo durch Belekken oder gar Grasfressen das sich aus den Autoabgasen niedergeschlagene giftige Blei direkt in den Organismus Ihres Lieblings gelangt. Deshalb: Wenn irgend möglich, ziehen Sie eine grüne Wiese vor.
Auch das alltägliche Reinigen der Futternäpfe mit Spülmittel ist absolut überflüssig, denn auch Spülmittelreste können eine Magenschleimhautreizung verursachen und gegebenenfalls zur Magenschleimhautentzündung führen.

Therapiemöglichkeiten

Bei der akuten Gastritis empfiehlt es sich, den Hund 1–2 Tage hungern zu lassen, auch wenn Sie der Meinung sind, daß dies eine unzumutbare oder gar brutale Therapie ist und Ihnen fast das Herz dabei bricht. Der Hund übersteht diese Prozedur im allgemeinen sehr gut, hilft sie ihm doch, sich selbst und vor allem den Magen zur Ruhe zu bringen.
Sollte das Tier wider Erwarten die 2 Tage nicht durchhalten und möglicherweise auch Appetit zeigen, so ist in diesem Fall eine leichte Kost angezeigt. Dazu gehören Hähnchenfleisch oder Rinderhackfleisch mit Baby-Haferflocken oder Reis mit etwas Fleischbrühe. Einige Tiere lieben es auch, an trockenem Zwieback (ohne jeglichen Zusätze wie Butter usw.) zu knabbern, oder Sie haben eine spezielle Magendiät aus der „Dose" zur Hand, wie sie von verschiedenen Herstellern angeboten wird. Auch der von manchem Zweibeiner verabscheute Leinsamen- und/oder Haferschleim wirken sich – unter das Futter gemischt – günstig auf die Magenschleimhaut aus.

Wichtig und unter allen Umständen zu berücksichtigen ist:

Das Futter muß mehrmals am Tag und dabei nur in kleinen Portionen verabreicht werden. Dabei sind dem Trinkwasser – das mehrmals frisch gereicht werden sollte – Elektrolytlösungen zuzusetzen, um die durch das Erbrechen hervorgerufene Elektrolyt- und Wasserverluste aufzufangen.

Homöopathisch:

- *Ferrum phosphoricum D 8–D 12:* bei Fieber/Erbrechen
- *Nux vomica D 6:* bei Krämpfen
- *Carbo vegetablis D8–D 12:* bei aufgeblähtem Leib
- *Argentum nitricum D 12:* bei starken Magengeräuschen
- *Arsenicum album D 8:* bei Aufnahme von verdorbenem Futter
- *Ipecacuanha D 6:* bei Erbrechen

Phytotherapeutisch:
Magenberuhigende Teesorten:

- Tausendgüldenkraut
- Brombeer-/Himbeerblüten-Tee
- Kamillenblüten
- Eibischwurzel
- Kümmel
- Fenchel

Pharmazeutisch:

- *Aruto Magentabletten Dr. Hotz*
- *Gastricumeel*
- *Gastro-Teknosal vet.*
- *Duoventrin Magentherapeutikum*
- *Spascupreel*
- *NeyGastrin (Nr. 31)*

Chronische Magenschleimhautentzündung

Aus einer akuten Magenschleimhautentzündung kann sich durchaus eine chronische entwickeln. Sie kann aber auch selbständig oder im Gefolge anderer Organkrankheiten entstehen.

Symptome

Diese sind weniger ausgeprägt und zeigen sich durch ein gestörtes Allgemeinbefinden, wechselnden Appetit und gelegentliches Erbrechen in unregelmäßigen Abständen. In der Folge werden Sie eine deutliche Abmagerung feststellen.

Ursachen

Die Ursachen sind nahezu dieselben wie bei der akuten Gastritis (s. Beschreibung dort), wobei vor allem anhaltender Streß über längere Zeit mit ein gravierender Faktor ist.

Therapiemöglichkeiten

Auch hier gilt in erster Linie die bei der akuten Gastritis aufgeführte, allgemeine Therapie.
Zusätzlich kann mit homöopathischer oder pharmazeutischer Medikation unterstützend eingegriffen werden.

Homöopathisch:
- *Carbo vegetabilis D 6, D 8:* bei gleichzeitig auftretendem Durchfall
- *Veratrum album D 6:* bei Schwächezustand nach dem Erbrechen

Pharmazeutisch:
- *Aruto Magentabletten*
- *Duoventrin Magentherapeutikum*
- *NeyGastrin (Nr. 31)*

Magendrehung

Bei dieser lebensbedrohlichen Erkrankung, von der vorwiegend – aber nicht ausschließlich – große Hunderassen betroffen werden, kommt es zu einer plötzlichen Drehung des Magens um seine eigene Achse. Die für Sie überraschend und bei bisher glänzendem Wohlbefinden des Hundes auftretenden Krankheitserscheinungen werden durch das Abknicken der Speiseröhre und des Zwölffingerdarms verursacht, so daß die Nahrung weder in den Magen noch in den Darm gelangen kann. Durch die damit auch gestoppte Blutversorgung der Gefäße kommt es zum Kreislaufkollaps und führt bei Nichtbehandlung in kurzer Zeit zum Tod.
Selbstverständlich gilt auch hier, daß Vorbeugen besser ist als Therapieren. Dies bedeutet in erster Linie, daß Sie Ihrem Hund nach der Futteraufnahme

Ruhe gönnen sollen. Große Spaziergänge, Sport und Spiel, egal in welcher Variation, sind nach der Fütterung „zu unterlassen“. Oder sind Sie nach einem opulenten Mahl geneigt, mehrfach Seil zu springen oder einen Marathonlauf zu absolvieren?
Allzu große Futtermengen sind zu vermeiden (egal, ob großer oder kleiner Hund), lieber öfter und weniger füttern.
Natürlich kann eine Magendrehung auch Hunde, deren Magen leer ist oder nur wenig Nahrung enthält, treffen. Dann sind jedoch hauptsächlich der übertriebene Bewegungsdrang – angefeuert von Herrchens oder Frauchens Zurufen – und das Überspringen von Hindernissen die Ursache.
Vielleicht machen Sie sich als Hundehalter mal Gedanken darüber, ob Ihr Hund, falls Sie diesen „Sport“ tatsächlich so betreiben, wirklich so schrecklich gerne über Bretterwände springt, durch aufgehängte Reifen hechtet oder sich gar auf der Wippe schaukelnderweise im Gleichgewicht halten muß. Der eine oder andere Hund mag es vielleicht tatsächlich, vor allem, wenn es das einzige Mal in der Woche ist, daß er mit dem Rudelführer so richtig raus kommt und toben kann.
Vergleichen Sie es einmal mit Ihrer eigenen Lebensweise, und falls Sie bei den folgenden Ausführungen ausschließlich und mit voller Überzeugung mit Ja antworten können, nun ja, dann sind Sie ein Übermensch.

1. Morgens aus dem Bett springen und gute Laune haben, was immer auch geschieht und egal, wer Sie anpfeift, auch wenn die Riesenportion Essen vom Vorabend noch halb im Magen liegt?
2. Morgens um 7.00 h nach dem Frühstück Spaziergang, möglichst rasch laufen, unbedingt Blase und Darm entleeren. Wenn's nicht klappt, nochmals eine Runde um den Block drehen?
3. Einmal am Tag ausgiebig essen, *anschließend* Jogging oder sonstiges Körpertraining?
4. Ihrem Trainer aufs Wort folgen und die Hindernissprünge mit halbvollem Magen wiederholen bis zum Gehtnichtmehr, auch wenn Ihr erklärter Lieblingsfeind süffisant lächelnd neben Ihnen steht und darauf wartet, daß Sie kollabieren?

Falls Sie diese Fragen mit ja beantworten konnten, dann Respekt, lieber Leser. Nur, lange machen Sie das nicht. Bei überwiegend oder vollständig mit „nein“ beantworteten Fragen haben Sie klar erkannt: <u>Ihr Hund ist auch nur ein Mensch</u>.

Symptome

Wie vorstehend schon kurz erwähnt, treten die Krankheitserscheinungen plötzlich und unerwartet auf und äußern sich in erfolglosen Brech- und Würgebewegungen sowie einer gekrümmten Haltung. Durch die Abschnürung entwickelt sich im Magen eine erhebliche Gasansammlung, die in kurzer Zeit eine starke Auftreibung des Bauches zur Folge hat.
Da zudem auch die Blutzufuhr zum Magen unterbrochen ist , ergeben sich schwere Kreislaufstörungen bzw. eine Kreislaufschwäche, die durch die Blähungen nur noch verstärkt wird.
Der Hund ist unruhig, sein Blick zeigt deutlich Angst, und das Fieberthermometer signalisiert Untertemperatur, und die Schmerzäußerungen des Hundes können zum Teil recht lautstark und beängstigend sein. Bald kommt es zu hochgradiger Atemnot und zum Kräfteverfall, wenn nicht schleunigst operativ eingegriffen wird.

Ursachen

Die möglichen Ursachen habe ich schon weitgehend erwähnt, trotzdem möchte ich Sie Ihnen im Telegrammstil nochmals vor Augen führen:

- Disposition bei den besonders gefährdeten, großen Hunderassen, wie z. B. Deutscher Schäferhund, Dogge, Neufundländer, Bobtail, Rottweiler u. v. m, aber – nicht vergessen – auch kleine Hunde sind nicht davor gefeit.
- Herumtollen und übermäßige Bewegung nach der Fütterung.
- Springen über Hindernisse (Breitensport, Agility).
- Zu große Futtermenge, die, nicht ganz verdaut, zur Gärung und somit zur Magenaufblähung führt.

Therapiemöglichkeiten

Hier hilft kein Zaudern und kein Zögern. Das Schicksal Ihres Hundes ist von Ihrem raschen und entschlossenen Handeln abhängig, da die Magendrehung innerhalb von wenigen Stunden zum Tode führt. Aussicht auf Ret-

tung haben Sie nur, wenn Ihr Vierbeiner innerhalb kurzer Zeit nach Auftreten der Symptome operiert wird.
Um nun auf dem Weg zur Operation die verständliche Angst Ihres Hundes günstig zu beeinflussen, können sie folgendes verabreichen:

- *Crataegutt*
- *Diacard*
- auch *Dr. Bachs Rescue-Tropfen* (alle 10 Minuten 5 Tropfen unverdünnt auf die Mundschleimhaut geben)

Magengeschwür

Magengeschwüre sind nicht sehr häufig bei Hunden zu diagnostizieren. Trotz diesem Erfahrungswert darf bei zutreffender Symptomatik die Möglichkeit eines Magengeschwürs nicht außer acht gelassen werden.

Symptome

Auch hier werden Sie als erstes ständiges Erbrechen feststellen, wobei – und das ist alarmierend – das Erbrochene meist blutig oder mit Blutfetzen durchsetzt ist, vor allem nach der Futteraufnahme. Das Erbrechen ist ferner begleitet von Magenkrämpfen. Der abgesetzte Kot ist dunkel und schwarz durch das verdaute, mitausgeschiedene Blut. Zugleich machen sich für die menschliche Nase unangenehmer Mundgeruch sowie Blähungen stark bemerkbar.

Ursachen

Die Ursache ist ganz eindeutig auf eine zu konzentrierte oder übermäßig viel Magensäure zurückzuführen, welche die Magenschleimhaut ständig reizt und – wenn nicht darauf geachtet wird – zu einer chronischen Magenschleimhaut mit nachfolgender Geschwürbildung führt.

Therapiemöglichkeiten

Phytotherapeutisch:
- *Matricaria chamomilla*

Pharmazeutisch:
- *NeyGastrin (Nr. 31)*

Prophylaxe:
Als aufmerksamer Hundehalter haben Sie Ihren Liebling fest im Auge und sehen die Veränderungen, die sich, wie im Kapitel Gastritis schon beschrieben, durch vermehrtes Grasfressen kennzeichnen.
Reagieren Sie in diesem Falle sofort und lassen Ihrem Hund die ebenfalls unter diesem Kapitel beschriebene Magendiät angedeihen. Gleichzeitig können Sie mit Natron diese Magensäureüberproduktion hemmen bzw. z. B. mit Natriumbikarbonat neutralisieren.

Magentumor

Das Wort Tumor allein genügt in der Regel schon, um in Ihnen böse Vorahnungen aufkeimen zu lassen. Tumor bedeutet jedoch nicht immer, daß nicht geholfen werden kann. Das lateinische Wort bedeutet eigentlich nur „Schwellung“, die – aus verschiedenen Ursachen heraus entstehend – entzündlich oder nicht entzündlich verlaufen kann.

Symptome

Sofern sich Ihr Vierbeiner – meist im fortgeschrittenen Alter – wirklich einen Tumor zugezogen hat, so werden Sie auch hier in der Regel alle Anzeichen finden, wie Sie auch beim Magengeschwür auftreten (s. auch dort). Auffallend dabei ist jedoch die zunehmende Abmagerung..

Therapiemöglichkeiten

Als erstes muß natürlich eine saubere Diagnose erfolgen, die durch Röntgen oder durch eine Endoskopie möglich ist. Allerdings ist bzw. kann es sehr schwer sein, einen Magentumor eindeutig festzustellen, da sich diese meist sehr tief in der Magenwand festgesetzt haben.
Eine Operation ist in diesem Fall möglich, doch kann zuvor – wobei die Schwere des Falles wirklich objektiv einzuschätzen ist – ein Therapieversuch mit einer geeigneten Magen-Darm-Diät sowie mit einer darauf ausgerichteten Medikation unternommen werden.

Homöopathisch:
- *Argentum nitricum D 6:* bei Schleimhautgeschwulst
- *Staphisagria D 6:* bei Geschwülsten mit Blutungsneigung
- *Arsenicum album D 6:* als Konstitutionsmittel

Phytotherapeutisch:
- *Echinacea augustifolia*
- *Echinacea purpurea*

zur Mobilisierung und Stärkung der körpereigenen Abwehr und zur Anregung des Stoffwechsels.

Pharmazeutisch:
- *NeyGastrin (Nr.31)*
- *NeyTumorin (Nr. 66)*
- *Membrano Some*
- *Placenta (Nr. 70)*

Erkrankungen der Fortpflanzungsorgane

Eitrige Gebärmutterentzündung (Pyometra)

Es gibt Erkrankungen, die sich, ähnlich wie beim Menschen, erst zu einem späteren Zeitpunkt zeigen. So z. B. die Pyometra, die vor allem Hündinnen ab dem 6./7. Lebensjahr befallen kann, unabhängig davon, ob es sich um einen Rassehund oder einen Mischling handelt. Jedoch leiden auch so manche Hündinnen bereits schon in ihren ersten Lebensjahren unter eitrigen Gebärmutterentzündungen, einer Erkrankung, bei welcher sich der Eiter im Uterus ansammelt.

Hier besteht wenig Hoffnung, daß sich dies im Laufe der Jahre geben wird. Auch eine Trächtigkeit kann keine sichere „Therapie" gegen die Entzündungsneigung der Gebärmutter sein. Besteht in einem solchen Fall zudem nicht die Absicht, dic Hündin in der Zucht einzusetzen, sollte man durchaus auch den Gedanken einer operativen Entfernung der Gebärmutter mit in Erwägung ziehen. Denn die Gebärmutterentzündung ist in ihrem ganzen Ausmaß nicht zu unterschätzen und kann sogar zum Tod führen.

Wege dieses Risikos sollten Sie eine Medikation maximal 3–4 Tage anwenden. Tritt bis dahin keine grundlegende Besserung des Zustands der Hündin ein, so kann durchaus die operative Entfernung der Gebärmutter und der Eierstöcke notwendig werden (Ovariohysterektomie).

Vermeiden Sie auf jeden Fall tagelanges Hinauszögern und Abwarten. Durch die Entzündung, die in fortgeschrittenem Stadium zur Vereiterung führt, wird der gesamte Organismus stark geschwächt, d. h., daß die Überlebenschancen während bzw. nach der Operation sinken.

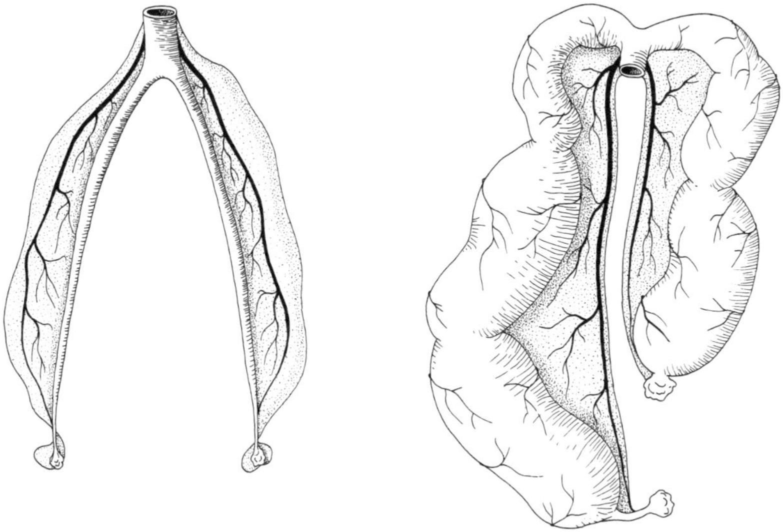

Normale Gebärmutter (links), Gebärmuttervereiterung (rechts)

Symptome

Als erstes wird dem Hundehalter auffallen, daß sich ein bräunlicher oder gar eitriger bis gelbgrüner Ausfluß aus der Scham entleert. Dieses Symptom kann fatalerweise jedoch durchaus fehlen, und zwar dann, wenn der Muttermund verschlossen ist, sich das Sekret also nicht entleeren kann. In diesem Fall verwandelt sich die üblicherweise bleistiftstarke Gebärmutter in einen dicken, wurstförmigen Sack (s. Abb.). Verständlich, daß durch die Ansammlung dieser Flüssigkeit zwangsläufig der Umfang des Leibes zunimmt. Er wirkt aufgetrieben und gespannt, ein Umstand, der vom Besitzer nicht selten auf eine zu gute Ernährung zurückgeführt wird.
Bald nach dem Auftreten dieser ersten Symptome, also Ausfluß oder aufgetriebener Leib, läßt die Hündin deutlich in ihrer Lebhaftigkeit nach, frißt mit schlechtem Appetit und nimmt deutlich vermehrt Flüssigkeit (Wasser) auf. Bei fortgeschrittener Erkrankung kommt es dann zur Ablehnung der angebotenen Nahrung sowie Erbrechen und Durchfall. Das ganze Tier wirkt hinfällig und *kann* durchaus auch Fieber haben.

Ursachen

Etwa 60 Tage nach der Läufigkeit der Hündin – was der Trächtigkeitsdauer entsprechend würde – bildet sich in Abhängigkeit vom Geschlechtszyklus die Gebärmutterentzündung aus, mit ein Beweis dafür, das es sich um eine hormonelle Dysfunktion handelt. Als weitere Ursachen kommen noch in Betracht:

- vorangegangene schwere Geburten,
- Resistenzminderung durch Fehler in Haltung, Fütterung sowie mangelnde Hygiene,
- Würfe, die nie oder vor langer Zeit gemacht wurden,
- Neigung zur Scheinträchtigkeit,
- Hormonbehandlungen.

Therapiemöglichkeiten

Homöopathisch:

- *Belladonna D 4:* bei geschwollener Schleimhaut
- *Thuja D 6:* bei weiß-gelbem Ausfluß
- *Pulsatilla D 6:* bei Reinigung der Gebärmutter, Förderung des Ausflusses
- *Sepia D 6:* zur Förderung des Ausflusses
- *Pyrogenium D 6/D 8:* bei stark riechendem Ausfluß, Fieber
- *Echinacea D 6:* bei Fieber

Pharmazeutisch:

- *Metrovetsan*
- *Metro-Adnex Injeel*
- *Gynäcoheel*
- *Pulsatilla Miniplex*

Gebärmutterentzündung (Endometritis)

Im Gegensatz zur Pyometra werden unter einer Endometritis alle entzündlichen Affektionen der Gebärmutterschleimhaut eingeordnet. Das eine schließt jedoch das andere nicht aus, sondern muß durchaus im Zusammenhang gesehen werden. Für den Laien ist es allerdings sehr schwer zu differenzieren. Auch hier können – vor allem bei der leichteren Form der Endometritis – Hündinnen jeglichen Alters und jeder Rasse befallen werden. Erschwerend kommt hinzu, daß hierbei die äußeren Krankheitserscheinungen nicht immer deutlich feststellbar sind.

Symptome

Im allgemeinen zeigt die Hündin ein lustloses Verhalten, vermehrten Durst und beleckt häufig die Scheide. Es ist zudem ein leichter, heller Scheidenausfluß festzustellen.

Ursachen

Oftmals ist mangelnde Hygiene bei der Geburtshilfe oder eine Infektion während der Trächtigkeit die Ursache einer Endometritis; denn meist sind pathogene Keime wie Streptokokken oder Staphylokokken usw. zu finden. Auch eine hormonelle Dysfunktion sowie das Verhindern der Läufigkeit durch Verabreichung von Hormonen können ursächlich sein.

Therapiemöglichkeiten

Homöopathisch:

- *Belladonna D 30:* Ausfluß hell, rötlich
- *Mercurius solubilis D 12:* Ausfluß weißlich, dickflüssig
- *Kalium chloratum D 6/D 12:* weißlicher Ausfluß, mild riechend
- *Arsenicum D 6:* als Konstitutionsmittel

- *Sabina D 8:* bei einer wiederkehrenden Gebärmutterentzündung
- *Lachesis D 30:* zur Nachbehandlung nach operativer Entfernung der Gebärmutter

Pharmazeutisch:
- *Metro-Adnex-Injeel*
- *Metrovetsan*
- *Endometrium*
- *Mucosa compositum*

Prophylaxe

Im Anschluß an die Läufigkeit kann der Hündin als vorbeugende Maßnahme 2mal wöchentlich Metrovetsan oder Sepia D 30 (2mal täglich 15 Tropfen) verabreicht werden, über einen Zeitraum von 3–4 Wochen.

Scheinträchtigkeit (Lactatio falsa)

Welcher Züchter sieht sich nicht schon einmal in seinen Erwartungen getäuscht, wenn sich die Hündin nach ca. 8–12 Wochen nach der letzten Läufigkeit scheinbar zur Geburt vorbereitet, obwohl sie gar nicht tragend ist. Oftmals sind es Hündinnen mit besonders ausgeprägten mütterlichen Eigenschaften, die eine Neigung zur Scheinträchtigkeit zeigen.
Nicht selten kann diese so ausgeprägt sein, daß eine erhebliche Milchbildung erfolgt.
So „geplagte“ Tiere sollten möglichst als Amme eingesetzt werden für die Aufzucht anderer Jungtiere. Häufig ist jedoch eine solche Gelegenheit nicht gegeben, so daß sich die starke Milchbildung durchaus auch zum Nachteil auswirken kann und selbst Entzündungen des Gesäuges zur Folge hat.

Symptome

Der Leibesumfang der Hündin nimmt sichtlich zu, wie bei einem wirklich tragenden Tier, wobei das Gesäuge warm und gerötet ist. Kommt noch ein oftmals nicht unerhebliches Anschwellen hinzu, ist der gesamte Bereich berührungsempfindlich und schmerzhaft.
Wie schon oben erwähnt, kommt es auch zur Milchbildung. Die Hündin versucht, sich selbst zu helfen, indem sie die Milch absaugt. Dies muß jedoch verhindert werden, da durch diesen Reiz die Milchabsonderung noch verstärkt wird.In diesem Stadium nimmt die Hündin vermehrt Nahrung auf.
Deutliche Verhaltensänderungen – von anschmiegsam bis aggressiv – fallen dem Tierbesitzer sichtlich auf.
Der ausgeprägte Muttertrieb äußert sich in dieser Phase der Scheinträchtigkeit auch deutlich sichtbar dahingehend, daß x-beliebige Gegenstände in Welpengröße als „Ersatzwelpen" adoptiert und im vorher von der Hündin gebauten „Nest" beschützt werden.

Ursachen

Die Ursachen sind noch nicht umfassend geklärt. Fest steht jedoch, daß hormonelle Störungen, die Läufigkeit unterdrückende Behandlungen (die Antibaby-Spritze für den Hund oder im üblichen Sprachgebrauch auch Läufigkeitsspritze genannt) sowie die Entfernung von Gebärmutter/Eierstöcken kurz nach soeben abgeschlossener Läufigkeit die Ursachen sind.

Therapiemöglichkeiten

<u>*Homöopathisch:*</u>
- *Salvia officinalis D 2:* bei Milchsekretion
- *Pulsatilla D 30:* Nestbau, liebebedürftige, anschmiegsame Hündin
- *Phytolacca D 3:* heißes, hartes Gesäuge
- *Ignatia D 30:* bei Stimmungsschwankungen (von anschmiegsam bis aggressiv)
- *Belladonna D 30:* hochrotes, entzündetes Gesäuge
- *Echinacea D 6:* zur Unterstützung des Heilungsprozesses

Pharmazeutisch:
- *Hormeel S*
- *Gynäcoheel*
- *Pulsatilla miniplex*

Allgemeine Therapien als unterstützende Maßnahmen:
- Einreiben des Gesäuges mit Kalantholöl A.: heißes, angeschwollenes Gesäuge
- kühlende Umschläge mit essigsaurer Tonerde: dto.
- Heilerdepackungen: dto.
- geeignete kühlende Salben: dto.
- Hochbinden mit elastischer Binde oder Handtuch: bei schwerem, hängendem Gesäuge zur Entlastung
- Futter knapp bemessen, vor allem sind Fleisch, Kohlenhydrate und die Flüssigkeitsmenge einzuschränken
- Ablenkung durch öftere und längere Spaziergänge
- Wegnahme der Ersatzwelpen

Milchdrüsenentzündung (Mastitis)

Häufig betrifft diese Erkrankung Nutztiere, z. B. Milchkühe, Ziegen oder Schafe. Sie kommt jedoch auch bei Hündinnen in nicht zu unterschätzendem Ausmaß vor.

Symptome

Die Mastitis zeigt sich in einer schmerzhaften, prallen Anschwellung des Gesäuges, wobei zumeist nur einzelne Drüsenabschnitte betroffen sind. Berührungen dieser Partien sind für die Tiere äußerst schmerzhaft. Denken Sie deshalb daran, daß auch Ihre sonst so sanfte Hündin in einem solchen Fall durchaus zuschnappen kann. Das Allgemeinbefinden der Hündin ist

eventuell durch Fieber beeinträchtigt, und bei leichtem Druck auf die Zitzen entleert sich ein gelblich-braunes, manchmal sogar blutiges Sekret, das mit Milch keinerlei Ähnlichkeit mehr hat.
Bei geeigneter Therapie kann sich diese Entzündung zurückbilden, ohne daß chirurgisch eingegriffen werden muß. Sie müssen jedoch bedenken, daß das Drüsengewebe durch die zerstörende Wirkung eingedrungener Krankheitskeime eingeschmolzen wird und sich daraus ein Abszeß bilden kann.

Ursachen

Auch hier kann eine Scheinträchtigkeit der auslösende Faktor sein. Gewöhnlich sind jedoch Folgen einer Verletzung die Ursache, wobei die allgegenwärtig vorhandenen Schmutzkeime in das Drüsengewebe gelangen und eine Infektion hervorrufen. Eine entsprechende Hygiene des Lagers sollte daher selbstverständlich sein. Gerade in der Säugeperiode der Hündin sind die Drüsen ganz besonders empfindlich und damit auch in besonderem Maße gefährdet. Mitunter sind es sogar gerade die Welpen, die mit ihren kleinen spitzen Krallen „Milch treten" und damit dem Muttertier kleinste, feine Verletzungen beibringen.
Mangelerkrankungen bei der säugenden Hündin sollten eigentlich bei sorgfältiger Haltung nicht auftreten, trotzdem kommt es immer wieder zu einer Unterversorgung mit Mineralien, Spurenelementen und Vitaminen. Als Folge davon begünstigt die herabgesetzte Resistenzfähigkeit gegen Krankheitserreger eine Infektion.
Wird die Milch von den Welpen nicht oder nur unvollständig abgesaugt, entsteht mit der Zeit ein Milchstau, wodurch es nachfolgend zu Verhärtungen des Gesäuges kommt und sich auch bleibende Milchknoten bilden können.

Therapiemöglichkeiten

Homöopathisch:
- *Bryonia D 4:* bei beginnender Entzündung

- *Mercurius solubilis D 12:* bei beginnender Verhärung der Milchdrüsen
- *Myristica sebifera D 4:* bei bestehendem Abszeß
- *Pyrogenium D12:* zur Entleerung
- *Kalium jodatum D 4:* bei Milchknoten

Unterstützende Maßnahmen:

Kühlende Essigumschläge mit 1 Teil Essig und 2 Teilen Wasser. Mehrmals täglich die Milchdrüsen mit Echinacea-Salbe bestreichen.

Erkrankungen der Prostata (Vorsteherdrüse)

Die Vorsteherdrüse ist ein Organ, das nur bei männlichen Tieren vorkommt und bestimmte geschlechtliche Funktionen erfüllt. Die Drüse umgibt die Harnröhre mantelartig in der Nähe der Harnblase. Durch Absonderung eines Sekrets, welches sich mit der Samenflüssigkeit vermischt, werden Beweglichkeit und Aktivität der Samenzellen angeregt und somit der Befruchtungsvorgang unterstützt.
Erkrankungen dieses Organs sind sogenannte Alterserkrankungen, wobei meistens Rüden im höheren Alter betroffen sind und nicht in jedem Fall unter offensichtlichen Beschwerden leiden müssen.

Symptome

Der Absatz des Kots erfolgt häufiger, ist jedoch für den Hund äußerst beschwerlich und teilweise auch schmerzhaft. Der dabei abgesetzte Kot ist nur noch bleistiftdick. Blut und Eiterbeimischungen im Restharn sowie ein blutig-eitriger Ausfluß ohne vorheriges Urinieren sind weitere Merkmale einer Prostataerkrankung.
Dazu kommen in akuten Phasen Störungen des Allgemeinbefindens und Fieber. Zusätzlich können auch Schwierigkeitem beim Absetzen des Harns

sowie ein „hölzener Gang“ festgestellt werden, d. h., das Tier geht mit steifen Hinterbeinen und gekrümmtem Rücken.

Ursachen

Mit zunehmendem Alter läßt bei den Rüden die Keimdrüsentätigkeit allmählich nach, d. h., auch beim männlichen Tier findet eine hormonelle Umstellung statt. Mit diesem Vorgang werden u. a. die Erkrankungen der Vorsteherdrüse in Verbindung gebracht. Im Vordergrund des Krankheitsbildes stehen die Vergrößerung / Verhärtung der Prostata sowie ein starker Geschlechtstrieb. Infektionen der Harnausscheidungsorgane sowie bakterielle Infektionen sind ebenfalls zu den Ursachen zu rechnen.

Therapiemöglichkeiten

Homöopathisch:

- *Thuja D 6:* Verhärtung, knotige Veränderungen der Prostata, chronische Erkrankung
- *Magnesium phosphoricum D 12:* dto.
- *Conium D 6:* bei steifem Gang, Schwäche der hinteren Extremitäten
- *Aristolochia D 4:* bei akuter Prostataentzündung
- *Pareira brava D 4:* bei akuter Prostataentzündung, vermehrtem Harndrang, eitrig-blutigem Urin, eitrig-blutigem Tröpfeln ohne vorheriges Urinieren
- *Sabal serrulatum D 3:* tröpfelnder Harnabsatz bei gleichzeitig häufigem Harndrang
- *Pulsatilla D 30:* bei Prostatavergrößerungen, besonders bei älteren Tieren
- *Staphisagria D 30:* bei Prostatavergrößerung

Phytotherapeutisch:

- Brennesseltee

Pharmazeutisch:

- *Solidago comp.*-Tropfen
- *Prostagalen N*
- *Prostagutt*-Tropfen
- *Urtica APS*-Tabletten
- *Ney-Man*-Tropfen Nr. 35

Erkrankungen des Darms

Dünndarmentzündung (Enteritis)

Die Diagnose „Enteritis" bedeutet eine Entzündung des Dünndarms mit oder ohne Magenbeteiligung (*Gastroenteritis*) bzw. des Dickdarms (*Enterokolitis*), deren Hauptsymptom der Durchfall ist.
Als Hundebesitzer können Sie durch überlegte Fütterung Ihrem Hund Verdauungsbeschwerden ersparen. 1–2 kleine Leckerbissen – na ja, es können auch zwei mehr sein – sind sicher nicht der Anfang vom Ende. Allerdings Leckerbissen, die von Hunden gut verdaut werden können. Dazu zählen allerdings nicht Mon Cheri, Popcorn oder Kartoffelchips, auch wenn der Hund es gerne frißt. Zum einen gibt es genügend Leckerbissen, die im Handel erhältlich sind; wenn diese dem Hund nicht schmecken, dann eben aus der eigenen Küche, z. B. Zwieback, Butter-/Leberwurstbrot, dünn bestrichen! Manche Hunde mögen sehr gerne Äpfel oder Bananen, auch ein Stück Käse wird gerne genommen.
Recht viele Hundehalter geben ihrem Hund ab und zu Sachen wie Eierpfannkuchen, Kekse, Schokolade, Kuchen, Hefezopf mit und ohne Butter, Milch mit Kakao. Nun die Palette ist so groß, daß hier eine Vollständigkeit nicht möglich ist
Spätestens jetzt hat sich die Lesergemeinschaft in zwei Gruppen gespalten. Die Anhänger der 1. Gruppe kann es kaum nachvollziehen, daß es tatsächlich Hundehalter gibt, die ihren Hunden einen solchen „Krempel als Lekkerli" geben und die Hunde diesen „Kram" dann auch noch gerne fressen. Als absolute Krönung des Ganzen leiden diese Hunde nicht einmal unter

Verdauungsbeschwerden, oder niemand außer dem Hund merkt es. Denn wer kontrolliert schon regelmäßig den Kot seines Vierbeiners?
Die 2. Gruppe der Hundehalter kann nicht verstehen, daß jemand so egoistisch sein kann, die Köstlichkeiten, die er selbst gerne zu sich nimmt, seinem vierbeinigen Liebling vorzuenthalten.
Nun wird es richtig schwierig. Natürlich muß der Hund artgerecht ernährt werden. Dazu zählen nicht unbedingt Eierpfannkuchen usw. Und falls er hin und wieder mal doch etwas von dem „Krempel" zu fressen bekommt und nicht mit Durchfall, Erbrechen oder Verstopfung reagiert, nun gut, dann ist der Hund ein besonders robustes Exemplar seiner Art.
Trotzdem ist die immer wieder erwähnte *artgerechte* Ernährung des Hundes mit Sicherheit der beste Weg, um Gesundheitsstörungen jeglicher Art zu vermeiden.
Falls Sie Vegetarier sein sollten oder noch werden wollen, denken Sie bitte daran, daß Ihr Hund zwar durchaus auch für Gemüse und Obst empfänglich ist, von Grund auf jedoch zu den Fleischfressern gehört. Die Umstellung auf fleischlose Kost ist für ihn – den Hund – nicht ohne gesundheitliche Konsequenzen .

Symptome

Die Begleiterscheinungen einer beginnenden Enteritis sind gekennzeichnet durch Durchfall, der zum Teil auch mit Erbrechen einhergeht. Oder aber es zeigt sich ein weicher, wäßriger Kotabsatz. Dieser kann durchaus auch mit Blut vermischt sein. Kolikartige Bauchkrämpfe sind deutlich sichtbar festzustellen, denn sie zeigen sich durch einen hochgezogenen Bauch und verkrümmten Rücken, wobei der ganze Hund intervallartig zittert.
Vielleicht haben Sie auch schon mal eine solche Situation durchgemacht, und so können Sie unschwer nachvollziehen, wie geschwächt der Körper durch solch heftige Flüssigkeitsverluste wird, was zwangsläufig auch zum Verlust lebensnotwendiger Elektrolyte führt.
Bei einer Enteritis, die infektiös bedingt ist, kommt als weiterer schwächender Faktor noch das Fieber hinzu. Ein unangenehmer Mundgeruch macht sich möglicherweise noch ergänzend bemerkbar.

Ursachen

Die Darmflora enthält im gesunden Zustand eine Vielzahl von Bakterien, die zur Verdauung und zum Aufschließen der zugeführten Nahrung zwingend erforderlich sind. Alle Fehler, die nun unwissentlich oder willentlich gemacht werden, bringen das Gleichgewicht dieser Keimtätigkeit gründlich durcheinander. Zu den Ernährungsfehlern gehören insbesondere

- zu schneller Nahrungswechsel (von einer Futterart /-marke auf eine andere),
- verdorbene Nahrung (Schimmelpilze begrüßen den Hund schon mit Handschlag),
- zu kalte oder zu heiße Fütterung (d. h. aus Kühlschrank oder Kochtopf).

Abgestandenes, verdorbenes „Dreckwasser", zumeist aus Pfützen o. ä., jedoch auch als Trinkwasser titulierte Flüssigkeit in schmutzigen Näpfen sowie eiskaltes Wasser begünstigen eine Dünndarmentzündung erheblich. In unserer Umwelt ist zudem natürlich eine Infektion bakterieller Art (z. B. mit Salmonellen, E. coli) genausowenig auszuschließen wie eine Vergiftung mit Metallen wie Blei, Arsen, Quecksilber und Thallium. In zunehmendem Maße lassen sich auch Nahrungsmittelallergien als Auslöser feststellen.
Vor allem bei Welpen, die ja nach dem Absetzen von der Mutter noch über keine ausgereifte Darmflora verfügen, wie z. B. ein erwachsenes Tier, kommt es gerne zur Enteritis. Diese wird jedoch in solchen Fällen meist noch begünstigt durch eine nicht oder unzureichend durchgeführte Entwurmung.
Streß jeglicher Art (schlägt auch bekanntlich dem Mensch auf den Magen/ Darm), im Winter häufiges Schneefressen sowie die Erreger der Parvovirose und der Staupe vervollständigen die Möglichkeiten der Entstehung einer Enteritis.

Therapiemöglichkeiten

Allgemeine:
An allererster Stelle muß die Substitution des Organismus mit Elektrolyten und Wasser stehen, um den Flüssigkeitsverlust auszugleichen. Zusätzlich ist ein 1–2tägiges Fasten für den Hund angesagt, um den „Aufruhr" im Darm wieder zu beruhigen. Ferner sollte dem Tier schwarzer Tee angebo-

ten werden. Den Tee lassen Sie so lange ziehen, bis er eine dunkle Färbung angenommen hat.
Nach dem Fasten folgt eine Ernährung, die zum einen langsam aufbauend und zum anderen zwingend darmschonend, d. h. leicht verdaulich ist. Hier hilft alles nichts. Trotz möglicherweise größerem Umstand muß nun der Hundehalter ran und selbst zum Kochtopf greifen. Haferschleimsuppe, Reis, mageres Muskelfleisch oder Hühnerfleisch stehen jetzt erst mal auf dem Speiseplan. Quark und Vitamingaben (z. B. Vitamin A, B und C, enthalten in Vitaminpasten) vervollständigen diese Schonkost. Auf ballaststoffreiche Nahrung ist einstweilen zu verzichten.
Bei Futtermittelallergien wird die Fütterung umgestellt, wobei diese Umstellung durch eine Reis-/Haferschleimdiät eingeleitet wird. Über einen Zeitraum von 2–3 Tagen hinweg wird nun Reis-/Haferschleim gefüttert, anschließend kontinuierlich für den Hund verträgliches Futter zugesetzt, z. B. Geflügel oder Lammfleisch. Bei Futtermittelallergien ist ein Verzicht auf Trockenfutter oder Dosenfutter, das zum Teil unerwünschte, belastende Konservierungsstoffe enthält, manchmal nicht zu umgehen.
Sofern Sie aus irgendwelchen Gründen nicht in der Lage sein sollten, Ihr Tier in geeigneter Weise zu bekochen und die Fütterung mit Fertigfutter unumgänglich ist, so kaufen Sie bitte nur Fertigfutter, das ohne Konservierungs- und Farbstoffe sowie eiweißreduziert von verschiedenen Firmen angeboten wird.
Erst nach deutlicher Besserung des Befindens kann langsam wieder auf die sonst übliche Kost übergegangen werden.

Homöopathisch:

- *Antimonium crudum D 4:* bei wäßrigen Durchfällen, die schon chronisch sind
- *Chamomilla D 2 +D 3:* bei schmerzhaftem Durchfall
- *Acidum phosphoricum D 3:* bei schmerzhaftem Durchfall + Wasserverlust
- *Nux vomica D 6 + D 8:* bei Darmspasmen, starken Darmgeräuschen
- *Sambuccus:* bei Darmspasmen, aufgetriebenem Leib
- *Carbo vegetabilis D 8:* bei Flatulenz, Kreislaufschwäche, infektiös-toxisch bedingtem Geschehen.
- *Pulsatilla D 6:* bei Futterunverträglichkeit (schleimiger Durchfall)

- *Semen lini:* bei entzündlichen Prozessen
- *Ipecacuanha D 6:* bei Brechdurchfall
- *Colocyntis D 4:* bei heftigen Kolikschmerzen

Phytotherapeutisch:
Teezubereitungen aus
Rheum palmatum = Rhabarber
Vaccinium myrtillus = Heidelbeere
Rubus fructicosus = Brombeere
Satureja hortensis = Bohnenkraut
Fragaria vesca = Erdbeere
Potentilla enserina = Gänsefingerkraut

Pharmazeutisch:
- *Mucosa compositum*
- *Durchfallpulver Dr. Schätte*
- *Diarrheel*
- *Dysenteral*
- *Stullmisan*
- *Enteroconpulver*
- *Kohle-Kompretten*
- *NeyFaexan (Nr. 55)*
- *Mucos intest. crassi (Nr. 33)*
- *FegaCoren (Nr. 61)*

Elektrolytpräparate:
- *Elotrans*
- *Oralpädon*
- *Lectade Quick*

Regenerierende Präparate für die Darmschleimhaut:
- *Hylak N*
- *Omniflora*
- *Symbioflor I und II*
- *Perenterol*

Verstopfung (Obstipation)

Eine Verstopfung, d. h. das Unvermögen, Kot abzusetzen, ist eine äußerst unangenehme, jedoch durchaus vermeidbare Erkrankung. Auch hier spielen wiederum die artgerechte Ernährung sowie eine regelmäßige und ausreichende Bewegung die wichtigsten Rollen. Übermäßige Knochen- oder Knochenmehlfütterungen sollten ebenfalls unterbleiben, auch wenn die landläufige Auffassung herrscht, daß „ein rechter Hund" auch ein anständiger Knochenfresser ist und diesen also zu vertragen hat. Einige Hundehalter meinen es zu gut und geben ihrem Hund noch im Erwachsenenalter hohe Futterkalkzusätze, die allerdings weitgehendst unnötig sind.

Symptome

Der so „gestopfte" Hund bemüht sich nun häufig und mit sehr wenig Erfolg, Kot abzusetzen. Das ganze Ergebnis seiner kräftezehrenden Bemühung ist allenfalls der Absatz von blutigem Schleim. Der gesamte Leib des Hundes ist gespannt und aufgetrieben bzw. richtiggehend hart. Der Hund vermeidet – wenn möglich –, sich hinzulegen. Selbstredend, daß das Tier keinen Appetit mehr hat. Es ist halt wie beim Menschen, wenn etwas „verquer sitzt".
Auffallend ist das Belecken des Afters sowie ein höchst unangenehmer Mundgeruch. Sollte die Verstopfung nun gar schon mehrere Tage bestehen, ohne daß Sie dies bemerkten und entsprechend handelten, wird der Hund erbrechen.

Ursachen

Die Ursache ist wie eingangs schon erwähnt eine fehlende Darmbewegung durch unzureichende Bewegung des Hundes, der Kot staut sich im Darm an.
Eine zu reichliche Knochenfütterung (oftmals auch als biologische Entsorgung von Essensresten verstanden) erkennen Sie, solange der Hund noch

ein Häufchen absetzen kann, am trockenen, weißlichen und steinharten Kot. Aber wir wollen nicht nur die Knochen als alleinige Ursachen sehen. Schwerverdauliche Nahrung, die lange Zeit im Darm verweilt, unzureichende Wasseraufnahme sowie Fremdkörper aller Art (z. B. kleine Spielbälle, Spielzeugteile usw.) sind ebenso gravierende Faktoren. Die einzige Ursache, die organisch bedingt ist und für die der Tierhalter nicht verantwortlich zeichnet, ist die Prostatavergrößerung.

Therapiemöglichkeiten

Allgemeine:

Bitte verwenden Sie „nie" das Hausmittel Rizinusöl in solchen Fällen. Dieses schadet hier nämlich mehr, als daß es nützt, verursacht es doch solch heftige Darmbewegungen, daß sich unübersehbare Komplikationen daraus ergeben könnnen, z. B. ein Darmriß.

Weitaus schonender und sehr gut in der Wirkung sind:

- lauwarmes Seifenwasserklistier mit etwas Leinöl,
- Klistiere (z. B. Baby-Lax),
- lauwarmer Tee (Traubenzuckerklistier),
- evtl. Röntgenaufnahme zur Beurteilung der Schwere der Verstopfung bzw. Fremdkörperfeststellung).

Homöopathisch:

- *Nux vomica D 6–D 12:* bei Leibschmerzen
- *Alumina D 8:* Verstopfung bei älteren Hunden
- *Atropinum D 6:* bei starken Krämpfen
- *Spasmovetsan:* bei reduzierter Darmbewegung
- *Lactulose:* bei reduzierter Darmbewegung

Phytotherapeutisch:

- *Semen lini* (Leinsamen): als Gleit- und Füllmittel, im Gegensatz zu entzündlichen Prozessen ganz oder geschrotet ohne Quellung / Einweichen verabreicht
- *Rhamnus frangula* (Faulbaum, Wurzelrinde)

Teezubereitung:

Cortex Frangulae (Faulbaumrinde)	20 g
Fructus Carvi (Kümmel)	10 g
Rhizoma Calami (Kalmuswurzel)	5 g
Herba Centaurii (Tausendgüldenkraut)	5 g

1–2 Teelöffel davon als Kaltauszug mit 1/4 l Wasser 12 Stunden ziehen lassen.

Pharmazeutisch:

- *Spasmovetsan:* bei reduzierter Darmbewegung
- *Colosan* (biolog. Darmöl)
- *Rhabarbersirup:* bei Darmträgheit

Nach überstandener Verstopfung ist es sinnvoll, die Ernährung des Hundes für ein paar Tage etwas umzustellen. Haferschleim, Milch, Speiseöl unter das Futter gemischt, erleichtern den Kotabsatz. Auch kleinere Mengen Innereien erfüllen diesen Zweck.
Bei immer wiederkehrender Verstopfung ist die Verbreichung von Alumina D 6–D 8-Tabletten und auch die Zugabe von Lactulose hilfreich.

Blähungen (Gärungsdyspepsie)

Jeder kennt sie, die unangenehmen Begleiterscheinungen von falscher oder zuviel aufgenommener Nahrung, aber was verbirgt sich alles unter dieser Bezeichnung.
Unter Blähungen versteht man eine verstärkte Gasansammlung im Magen-Darm-Kanal. Die dort vermehrt gebildeten Gase werden nicht im notwendigen Umfang wieder abgegeben. Der gesamte Verdauungsvorgang des Hundes ist gestört. Man spricht in einem solchen Fall auch von Gärungsdyspepsie.

Symptome

Leitsymptome dieser durchaus unangenehmen und zum Teil schmerzhaften Erkrankung sind übler Mundgeruch, leicht erhöhte Temperatur und dünner Stuhlgang, der zudem noch stechend und vergoren riecht. Hinzu kommen durch die Blähungen verursachte Krämpfe, die gefolgt sind von unruhigem Hin- und Herlaufen sowie Schmerzäußerungen.
Nicht anders als beim Menschen auch ist der Bauch hart und gespannt wie eine Trommel. Die Darmgeräusche, wie Gurgeln und Rumoren, sind ohne Hilfsmittel deutlich hörbar. Nicht selten wird auch die menschliche Nase durch die abgehenden Winde nahezu beleidigt, und das aufmerksame Auge wird möglicherweise jetzt auch Blutbeimengungen im Kot entdecken.
Da allerdings ähnliche Symptome auch bei Vergiftungen auftreten, ist diese Möglichkeit vor Beginn einer Medikation unbedingt abzuklären und auszuschließen.

Ursachen

Wie bei fast allen Erkrankungen im Magen-Darm-Bereich spielt auch hier – wie könnte es anders sein – die Ernährung wieder mit eine Hauptrolle. Die hauptsächlichen Fehler, die der Hundehalter macht, sind:

- Verabreichung von zu eiweißhaltigem Futter (bei älteren oder inaktiven Hunden),
- Futterzusätze, wie z. B. Hafer oder blähendes Gemüse (Kohl),
- zu kaltes Futter (frisch aus dem Kühlschrank),
- Futter, das den ganzen Tag im Napf verbleibt, wodurch schädliche Bakterien die bestmöglichen Entwicklungschancen haben,
- zu rasche Umstellung auf andere Futterarten oder -sorten,
- einseitige Ernährung mit dadurch hervorgerufenem Vitamin- und/oder Spurenelementmangel.

Eine ganze Palette an Fehlerquellen, die durch Unwissenheit, aber manchmal auch aus Bequemlichkeit des Hundebesitzers voll ausgeschöpft werden.
Als weiterer Faktor ist auch nicht von der Hand zu weisen, daß Zeitmangel immer häufiger dazu führt, daß die Tiere im Akkord ihre „Fast-food“ hin-

unterschlingen müssen und möglicherweise keine Gelegenheit finden, das Ganze noch anständig zu verdauen, und das tagaus, tagein.
Auch Zahnanomalien (Unterbiß, Vorbiß) werden häufig vom Besitzer übersehen und können doch Ursache für die Beschwerden sein.
Nicht für alles ist auch hier der Besitzer zuständig. Es gibt schon prädestinierte, oft kleine Hunde, die den lieben langen Tag nichts anderes zu tun haben, als zu bellen. Dabei wird Luft in einer Menge abgeschluckt, die ebenfalls zur Dyspepsie führt.
Bei Rüden kommt noch eine andere Möglichkeit mit in Betracht: Durch intensives Schnüffeln, v. a. auf der Spur heißer Hündinnen, wird ein Zuviel an Bakterien aufgenommen. Die übermäßige Vermehrung dieser Mikrolebewesen kann ebenfalls wieder als Ursache für eine Gärungsdyspepsie angesehen werden.

Therapiemöglichkeiten

Homöopathisch:
- *Nux vomica D 6:* bei Krämpfen
- *Carbo animalis D 6:* bei starken Blähungen
- *Carbo vegetabilis D 6:* bei übelriechendem, dünnem Stuhlgang

Pharmazeutisch:
- *SAB-Simplex* alternativ bei starken Blähungen
- *Carminat* dto.
- *Entero-Tecnosal* dto.
- *Omniflora* dto.
- *Perenterol* dto.
- *Dyspepsie-Pulver* dto.
- *Unexzym Dragees* dto.

sowohl vorbeugend als auch im akuten Fall zu nehmen

Analdrüsenabszeß / -tumor

Am Darmende liegen die paarig angeordneten Analbeutel, im Sprachgebrauch auch gerne als *Analdrüsen* bezeichnet, seitlich und etwas unterhalb des Afterausgangs. Erkrankungen dieser bohnen- bis walnußförmigen Säckchen sind deshalb unter der Rubrik Darmerkrankungen einzuordnen.
Diese Drüsensäckchen sondern nun ein „streng riechendes“ Sekret ab, zwar für die menschliche Nase nicht sehr erfreulich, für andere Hunde dafür um so interessanter. Ist dies doch das hundespezifische Parfüm, die ganz persönliche Duftnote jedes einzelnen. Durch gegenseitiges Beschnüffeln bei der Begrüßung nehmen die Tiere diesen Duft auf und speichern ihn ein für allemal ab. Freund oder Feind oder gar die derzeitige Freundin – sprich heiße Hündin – werden beim täglichen Spaziergang damit eindeutig identifiziert.
Die Entleerung des sich ständig neu bildenden Sekrets erfolgt durch je einen schlauchförmigen Ausgang, der nahe dem After in einer kaum sichtbaren Öffnung mündet. Eine feste (nicht knochenharte) Beschaffenheit des Kots und das damit verbundene Drängen und Pressen fördern nun kontinuierlich die Entleerung der Analbeutel. Es kommt auch schon mal vor, daß sich der Inhalt der Beutel beim Hochheben des Hundes unfreiweillig über unsere Kleidung entleert – zur Freude anderer Hunde, die uns dann beim Spaziergang besonderes Interesse zollen.

Symptome

Bei Entzündung und Vereiterung der Analbeutel versucht der Hund zumeist, sich durch das sogenannte „Schlittenfahren“ Erleichterung zu verschaffen. Hierbei rutscht das Tier auf dem Hinterteil, sehr zum Mißfallen der Hausfrau, vorzugsweise auf dem guten Wohnzimmerteppich. Zudem beleckt sich der Hund übermäßig im Afterbereich, ist doch der ganze Prozeß zudem mit einem äußerst unangenehmen Juckreiz verbunden.

Ursachen

Ist der Kot über längere Zeit von zu weicher Konsistenz, d. h. breiig und formlos, werden die Analbeutel mit zuwenig Druck versorgt und entleeren sich nicht. Zwangsläufig verbleibt nun das ohnehin schon zähe Sekret im Beutel, wird jedoch trotzdem weiter neu produziert. Die entzündliche Reaktion ist vorprogrammiert. Achtet jetzt der Hundehalter nicht auf die auffälligen Symptome, und wird nicht umgehend eine Behandlung durchgeführt, so kann es sehr schnell zu einer Vereiterung, d. h. bakteriellen Zersetzung des Sekrets kommen. Hat sich dann der Analbeutel (meist ist nur einer betroffen) bis zur „Oberkante" mit Eiter gefüllt, sucht sich dieser gewaltsam einen Weg nach draußen. Er bricht durch die Haut durch, es kommt zum Abszeß. Gleichzeitig lassen allerdings die Spannung und der Schmerz für das Tier nach, es fühlt sich nahezu erleichtert.
Bei Analbeuteltumoren zeigt sich die gleiche Symptomatik wie beim Abszeß, allerdings treten noch zusätzlich Knoten um den After auf. Diese Knoten können sowohl eitrig als auch blutig sein, und nach deren Aufbrechen entstehen kraterförmige Wunden. Die Geschwüre sind bei älteren Hunden zumeist gutartig.

Therapiemöglichkeiten

Allgemeine:
- Ausdrücken der Analdrüsen
- eventuelle Spülung

Homöopathisch:
nach Entleerung der Analdrüsen
- *Aesculus hippicastanum D 3:* bei Entzündungen am After
- *Sulfur D 6–D 12:* dto.
- *Belladonna D 8:* dto.
- *Acidum nitricum D 6:* bei Entzündungen am After und Blutungsneigung
- *Asea foetida D 4:* bei Vereiterungen und starker Entzündung
- *Graphites D 6:* bei zähem Sekret

<u>*Phytotherapeutisch:*</u>
äußerliche Anwendungen
- *Calendula-Salbe*
- *Tannolact-(Eichenrinde-)Kompressen*
- *Kamille-Hamamelis-Kompressen*

Darmverschluß (Ileus)

Hierunter versteht man eine teilweise oder vollständige „Verlegung" des Darms, d. h., der Darmbrei wird an einer bestimmten Stelle gestoppt und kann nicht mehr weitertransportiert werden. Der Darminhalt staut sich nun vor diesem Hindernis, und wird nicht schnellstens Abhilfe geschaffen, so führt diese Erkrankung durch die folgende Selbstvergiftung unweigerlich zum Tod.

Symptome

Als Leitsymptome können hier hauptsächlich angeführt werden:
- kein Kotabsatz,
- Teilnahmslosigkeit,
- Appetitlosigkeit bis zur Verweigerung der Nahrungsaufnahme,
- harter, gespannter und stark ausgeprägter Bauch,
- Erbrechen.

Denken Sie bitte daran, daß durchaus in den ersten Stunden nach einem Verschluß noch Kot abgesetzt werden kann, nämlich der, der sich hinter dem Darmverschluß befindet. Am Ende weist er eine schleimige Beschaffenheit auf.
Der Hund äußert bei einem Ileus sehr deutlich seine Schmerzen. Anfangs bleibt die Körpertemperatur zwar noch normal, steigt jedoch im Verlauf der Erkrankung deutlich an, und das Tier wird zunehmend matt und teilnahmslos. Ein untrügliches Zeichen dafür, daß bereits eine Vergiftung des Organismus eingesetzt hat.

Ursachen

Wahrscheinlich an 1. Stelle stehen Fremdkörper aller Art, die vor allem von Jungtieren in ihrer spielerischen Neugierde aufgenommen werden. Hierzu zählen Pfirsichkerne ebenso wie Kastanien oder gar die Teile des Gummikauknochens. Aber auch Vergiftungen, Verwurmung, Infektionen sowie eingeklemmte Brüche können die Ursache sein.

Therapiemöglichkeiten

In jedem Fall ist ein Darmverschluß eine akut verlaufende und äußerst ernstzunehmende Erkrankung, bei der jegliche Verzögerung oder Eigenbehandlungsversuche, z. B. mit Abführmiteln, den Tod des Hundes bedeuten können.
Eine Röntgenaufnahme ist unumgänglich, um eine Diagnose auf Darmverschluß zu bestätigen und den Ort bzw. die Lage des Hindernisses festzustellen.
In diesem Fall kann meist nur noch durch einen operativen Eingriff Abhilfe geschaffen werden, wobei Sie durchaus mit den Rescue-Tropfen von Dr. Bach beruhigend und entspannend auf Ihren Hund einwirken können.

Erkrankungen der Bauchspeicheldrüse (Pankreas)

Von der Bauchspeicheldrüse werden eine Vielzahl von Fermenten produziert, die der Dünndarm zur Fett- und Kohlenhydratverdauung zwingend benötigt. Auch die Regulierung des Blutzuckerspiegels durch die Hormone Insulin und Glukagon obliegt dem Pankreas. Als folgenschwer sind daher die Funktionsstörungen dieses Organs einzustufen, die immer mit schweren Verdauungsstörungen einhergehen.
Vor der Diagnose auf eine Mangel- oder Fehlfunktion der Bauchspeicheldrüse muß jedoch eindeutig abgeklärt werden, ob nicht eine akute Hepatitis (Leberentzündung), Gastroenteritis (Magen-/Darmentzündung), eine Vergiftung oder eine Parvovirose (Virusinfektion) ursächlich sind.

Bauchspeicheldrüsenentzündung (Pankreatitis)

Symptome

Bei einer Pankreatitis wird Ihnen als Hundebesitzer als erstes ein fettig glänzender Kot auffallen, dem später ein hell lehmfarbenes Erbrechen folgt, das sich deutlich unterscheidet vom herkömmlichen gallegelben Erbrechen, z. B. nach Aufnahme von Gras. Ein äußerst übelriechender Durchfall kennzeichnet das fortgeschrittene Stadium. Die Bauchdecke ist hart und gespannt und der Hund zeigt beim Abtasten im Oberbauchbereich Schmerzen. Vermehrter Durst und evtl. sogar Kreislaufschwäche, die bis hin zum Kollaps führen kann, vervollständigen die dem Laien sichtbaren Symptome.

Ursachen

Als Ursache kommen im wesentlichen auch hier Fütterungsfehler, z. B. Über- bzw. Fehlernährung mit stark fett- und kohlenhydratreicher Kost, zum Tragen. Des weiteren sind Dünndarm- und/oder Leberentzündungen nebst Kortisonbehandlungen über einen langen Zeitraum verantwortlich sowie rassespezifische Disposition.

Therapiemöglichkeiten

Homöopathisch:

- *Iris versicolor D 3:* bei starken Leibschmerzen und Krämpfen
- *Carbo vegetabilis D 6:* bei Durchfall, glänzendem Stuhl
- *Arsenicum album D 6/D 12:* bei Durchfällen, Durchfall mit Erbrechen, Appetitlosigkeit
- *Leptandra D 4, D 6:* bei chronischer Erkrankung, glänzendem Stuhl
- *Mercurius bijodatus D 6:* bei Erbrechen, blutigem Durchfall
- *Acidum phosphoricum D 6:* bei Erbrechen, Hinfälligkeit, Teilnahmslosigkeit, Schwäche
- *Calcium fluoratum D 12:* bei chronischer Erkrankung
- *Haronga D 6:* bei Durchfällen, Appetitlosigkeit

Phytotherapeutisch:

Teezubereitungen:

Löwenzahn
Wermutkraut
Tausendgüldenkraut

Pharmazeutisch:
- *Mormordica comp.*
- *Leptandra comp.*
- *Pankreas suis injeel*
- *FegaCoren (Nr. 61)*
- *Neyfermin (Nr. 14)*

Wichtiger Hinweis:

Sämtliche der genannten Medikamente sind in Tablettenform oder als Ampullenflüssigkeit zu verabreichen. Der Grund hierfür ist der zum Teil hohe Alkoholgehalt der Medikamente in Tropfenform. Alkohol ist jedoch bei einer Pankreatitis unbedingt zu vermeiden.

Diätetik

Eine Ernährungsumstellung unterstützt auch hier die Therapie. Sie wird mit einer kurzen Fastenzeit von 1–2 Tagen eingeleitet. Das Fasten hilft zugleich, im akuten Fall die Bauchspeicheldrüse zu entlasten.
Nach diesem Zeitraum wird vorsichtig in kleinen Portionen wieder aufgebaut, wobei durchaus Fleisch gefüttert werden kann. Eingedenk der o. g. Ursachen darf es allerdings *nur* fettarmes Fleisch vom Lamm, Huhn, Fisch oder Rind sein. Mischen Sie dieses mit Reis, Grieß, Kartoffelbrei (keine ganzen Kartoffeln!) und Mais. Fettarmer Quark und Hüttenkäse vervollständigen den Speiseplan des Hundes, der somit gar nicht so schwer einzuhalten ist, ein wenig Einsatz des Besitzers vorausgesetzt.
Zudem kann ergänzend die Nahrung mit den Mitteln Natriumbikarbonat und Pankreation vorverdaut werden, eine weitere Hilfe für die entzündete Bauchspeicheldrüse.
Und auch bei dieser Erkrankung gibt es für alle, die sich das Kochen nicht zumuten wollen oder aus anderen Gründen nicht können, eine Pankreasdiät in Form von Fertigfutter.

Unterfunktion der Bauchspeicheldrüse (Pankreasatrophie)

Neben der nicht gerade selten vorkommenden Pankreatitis tritt immer wieder auch eine Unterfunktion der Bauchspeicheldrüse auf, die sogenannte Pankreasatrophie. Gegenüber anderen Rassen oder Mischlingen kommt diese Erkrankungen gehäuft beim Deutschen Schäferhund vor.
Die Krankheit ist vererblich, worauf vor allem ein verantwortungsbewußter Züchter achten sollte, wenn ihm ein solcher Fall aus seinem Wurf bekannt wird.

Symptome

Trotz guter Futteraufnahme – der Hund frißt mit großem Appetit – magert das Tier mit der Zeit deutlich ab. Dem Hundebesitzer fallen auch hier ein fettig glänzender oder gar lehmfarbener Kot auf, wobei hin und wieder auch Erbrechen sowie Durchfall und Blähungen auftreten.

Ursache

Wie schon die Krankheitsbezeichnung aussagt, handelt es sich hier um eine Unterfunktion, also einen Mangel bei der Produktion von erforderlichen Verdauungssäften (-fermenten). Eine Kotuntersuchung im Tierlabor kann bei Verdacht auf eine Pankreasatrophie Aufschluß geben über einen Mangel an Fermenten.

Therapiemöglichkeiten

Homöopathisch:
- *Natrium carbonicum D 6:* bei Blähungen, Kohlenhydratunverträglichkeit
- *Phosphorus D 12:* bei fettigem Stuhl, Durchfall
- *Carbo vegetabilis D 6, D 12:* bei Blähungen, Gewichtsverlust

- *Haronga D 3:* bei Durchfall, Appetitmangel, Gewichtsverlust
- *Nux vomica D 6, D 12:* bei Blähungen, gespanntem Leib, Durchfall
- *Jodum D 12:* bei Gewichtsverlust, Durchfall

Pharmazeutisch:

• *Panzynorm*	Fermentmangel
• *Unexzym*	dto
• *Pankreon*	dto.
• *Festal*	dto.
• *Sab simplex*	Blähungen
• *FegaCoren (Nr. 61)*	
• *Neyfermin (Nr. 14)*	

Zuckerkrankheit (Diabetes mellitus)

Diabetes ist nicht nur zur Geißel der Menschheit geworden. Bei verschiedenen Tierarten, besonders aber beim Hund, tritt diese Krankheit häufig auf. Vor allem bei kleinen und mittleren Rassen, wie z. B. Pudel, Pinscher, Spitz und Dackel, liegt eine sogenannte Rassedisposition für diese Krankheit vor. Aber auch Hunde anderer Rassen und auch Mischlinge können daran erkranken, insbesondere ältere Tiere, bevorzugt Hündinnen.

Symptome

Zuckerkranke Hunde zeigen einen starken Durst, häufiges Urinieren ist die Folge. Fängt der Hundehalter nun diesen in einem Gefäß auf, wird er unschwer eine sehr helle Färbung feststellen.
Trotz guter Futteraufnahme verliert der Hund auch hier deutlich an Gewicht. Das Fell wirkt stumpf und glanzlos, stellenweise kommt es zu Haarausfall. Auch eine Augentrübung (Glaukom) ist ein äußerliches Kennzeichen dieser Krankheit.

Ursachen

Als Hauptursachen sind eine mangelnde Insulinproduktion sowie die Überernährung zu nennen.

Therapiemöglichkeiten

Homöopathisch:
Bei Diabetes mellitus sind Insulingaben nicht zu umgehen und lebensnotwendig.
Allerdings kann der Organismus durch *homöopathische* Medikation recht gut *unterstützt* werden mit

- *Syzygium jambolanum D 2*
- *Aesculus*
- *Plumbum metallicum*
- *Arsenicum album D 12*

Bei Folgeerkrankungen aufgrund Diabetes mellitus:

- *Kreosotum D 6:* bei Gingivitis
- *Hepar sulfuris D 8:* bei Furunkeln
- *Natrium chloratum D 4:* als Konstitutionsmittel

Phytotherapeutisch:
Teezubereitungen:
Bohnenschalentee
Heidelbeerblättertee
Salbeitee

Pharmazeutisch:

- *NeyGluc (Nr. 67)*

Erkrankungen der Harnorgane

Zu den Harnorganen gehören Nieren, Harnleiter, Blase und Harnröhre.
Die im Lendenbereich liegenden Nieren sind paarig angeordnet und haben die Aufgabe, das durchlaufende Blut von schädlichen Stoffen zu reinigen. Man spricht hier auch von einem Filtervorgang. Über das Nierenbecken und die Harnleiter gelangt nun das Ergebnis dieser „Filteraktion“, der Urin, in die Blase. Dort wird er erst einmal über einen längeren Zeitraum gesammelt, um dann über die Harnröhre ausgeschieden zu werden.
Die Verweildauer des Urins in der Blase wird u. a. von Ihnen als Tierbesitzer mitbestimmt. Denn Sie sind es ja, die in der Regel bestimmen, wann Ihr Vierbeiner „Gassi“ gehen darf.
Die Nieren sind äußerst empfindliche Organe, nicht nur gegen Schläge. Vor allem Nässe und Kälte sind Faktoren, die die Funktion der Nieren schnell und nachhaltig stören können. Kurzhaarige und kleine „bodennahe“ Rassen sind demzufolge bei kalter und nasser Witterung besonders gefährdet. Es ist daher keinesfalls lächerlich, bei einem solchen Wetter den Hund entsprechend zu schützen, sei es durch einen entsprechenden Pullover oder ein Mäntelchen. Ob im Trachtenlook oder fetzig-modern, das ist dem Tier in diesem Falle bestimmt egal. Und Mitmenschen, die beim Anblick eines solch bemäntelten Hundes ein süffisantes Grinsen oder den entsprechenden Kommentar nicht verkneifen können, sollte man vor Augen halten, daß sie schließlich auch nicht in der Unterwäsche spazierengehen.

Nierenentzündung (Nephritis)

Nierenentzündungen sind bei Hunden keinesfalls eine seltene Erscheinung und können sich auf den gesamten Organismus verheerend auswirken. Vor allem dann, wenn es sich um eine verschleppte, weit fortgeschrittene Entzündungsform handelt. Der geneigte Leser erkennt daraus schon, daß es auch hier demzufolge die „akute" und die „chronische" Form der Nephritis gibt.

Akute Nierenentzündung

Wie das Wort „akut" schon aussagt, handelt es sich hier um eine Erkrankung, deren Symptome für den Tierhalter deutlich sichtbar sind, und die überraschend bzw. in heftiger Form auftritt.

Symptome

Die Beschwerden richten sich im akuten Fall immer nach dem Ausmaß der Entzündung. So wird Ihnen als erstes eine Appetitlosigkeit sowie ein steifer, gespannter Gang auffallen. Der Durst ist deutlich vermehrt, und es erfolgt eine erhöhte Wasseraufnahme. Dabei wirkt der Hund matt. Tasten bzw. drücken Sie den Hund vorsichtig in der Nierengegend, wird er Ihnen sehr schnell eine Druckempfindlichkeit signalisieren. Auch beim Wasserlassen wird dies meist mit Schmerzäußerungen verbunden sein. Es besteht, wie bei fast allen Entzündungen, auch Fieber.
Neben diesen Erscheinungen machen sich auch manchmal Erbrechen und Durchfall bemerkbar.
Der Urin ist trüb, dunkel und oftmals auch mit Blut vermischt. Bei anhaltender Erkankung magern die Tiere stark ab, der Urin wird in größeren Mengen abgesetzt.

Ursachen

Die Ursachen für eine Nierenerkrankung können aufgrund der geschilderten Empfindlichkeit sehr vielfältig sein. In erster Linie wohl kommen die verschiedenen Krankheitserreger oder deren Giftstoffe in Betracht, so z. B. bei der Leptospirose (Stuttgarter Hundeseuche) oder bei der Toxoplasmose. Jedoch auch regelrechte Vergiftungen, z. B. durch Aufnahme von Terpentinöl, Arsen, Quecksilber, Blei oder Phosphor, um nur einige zu nennen, können die Auslöser sein. Dazu muß der Hund die genannten Gifte nicht „kübelweise" schlucken, es genügt durchaus schon das ständige Benagen oder Belecken entsprechender Gegenstände, die mit Lacken oder Lasuren oder ähnlichen Verbindungen behandelt sind, die diese Gifte enthalten.
Auch Entzündungen anderer Organe, wie z. B. der Gebärmutter oder der Blase, können eine übergreifende Wirkung auf die Nieren haben. Daß eine Unterkühlung bzw. eine Erkältung einen solchen Vorgang begünstigt, haben vermutlich schon einige von uns Menschen selbst miterlebt, wenn der Aufenthalt im Freien in ungeeigneter Kleidung oder auf der kalten Haustufe sitzend erfolgte oder gar, weil sich „Mensch" keine Zeit nahm, um ein gewisses Örtchen aufzusuchen, d. h. den Urin viel zu lange zurückhielt. Denken Sie daran, auch Ihr Hund ist in einem solchen Fall „ein Mensch".

Therapiemöglichkeiten

Homöopathisch:
- *Cantharis D 12/D 8:* tröpfelnder, schmerzhafter Harnabsatz
- *Terebinthina D 6:* wie Cantharis, jedoch mit Blutbeimengungen
- *Apis mellifica D 6:* dto.
- *Belladonna D 6:* bei Fieber
- *Nux vomica D 6:* wie Cantharis
- *Phosphor D 30:* bei schwächlichen und älteren Tieren
- *Aconitum D 30:* bei Erkältung, schmerzhaftem Urinabsetzen
- *Lycopodium D 8 / D 12:* bei gestörtem Stoffwechsel, zur Entgiftung
- *Flor de Piedra D 4:* bei Vergiftungen
- *Berberis D 3 , D 6:* bei Harndrang ohne Harnabsatz, Druckempfindlichkeit der Nierengegend, gestörtem Allgemeinbefinden

Phytotherapeutisch:
Teezubereitungen gegen Nierenentzündungen:

Folia Malvae (Malvenblätter)	10 g
Folia Fragariae (Erdbeerblätter)	10 g
Herba Urticae (Brennesselblätter)	10 g
Folie Betulae (Birkenblätter)	20 g

Oder

Phaseolus vulgaris (Gartenbohne)	5 g
Fructus Petroselini (Petersilienfrüchte)	5 g
Ononis spinosa (Hauhechelwurzel)	10 g
Althaea officinalis (Eibischblätter)	15 g
Herba Polygoni avicularis (Vogelknöterich)	20 g

Jeweils 1 Teelöffel der Mischung auf 1 Tasse Wasser geben und 10 Minuten ziehen lassen

Pharmazeutisch:
- *NeyNephrin (Nr. 63)*
- *Ren (Nr. 7 oder Nr. 27)*
- *Reneel*
- *Berberis Homaccord*
- *Solidagosan*
- *Kominett*
- *Uvasylet Bürger*
- *Solidago comp.*

Unterstützende Therapien:

Zusätzlich zu den oben genannten Möglichkeiten lindern wärmende Wickel in der Nierengegend die Schmerzen.
Hat sich bereits Erbrechen eingestellt, sind auch hier, wie immer in solchen Fällen, 1–2 Fastentage einzulegen, bevor Sie den Hund wieder aufbauen und z. B. Tee mit Honig gesüßt reichen oder Schleimsuppe, Reis, Milch sowie leichtverdauliches Fleisch (z. B. Huhn, Lamm). Grundsätzlich sind immer nur kleine Portionen zu geben, um den Organismus des Hundes nicht übermäßig zu belasten. Ferner muß das Futter unbedingt kochsalzarm zubereitet oder eine entsprechendes Fertigdiät gefüttert werden.

Chronische Nierenentzündung

Die weitaus üblere Form der Nephritis ist die chronische Form, die allerdings vorwiegend ältere Hunde trifft. Sie ist vor allem durch einen langwährenden, schleichenden Verlauf gekennzeichnet, wobei die Symptome dieser Erkrankung dem Hundebesitzer oftmals gar nicht sofort auffallen.

Symptome

Als wohl augenfälligstes Symptom ist hier die Abmagerung zu nennen, einhergehend mit stumpfem, glanzlosem Fell und/oder Haarausfall. Der Besitzer wird zudem einen höchst unangenehmen Mundgeruch, einen sogenannten urämischen (nach Urin riechend) Geruch wahrnehmen. Ebenfalls gleich zu Beginn erfolgt vermehrt die Aufnahme von Wasser. Auch hier kann – wie bei der akuten Form – ein Erbrechen erfolgen, teilweise vermengt mit Blut. Benommenheit und Untertemperatur vervollständigen noch das Bild der chronischen Nephritis.

Ursachen

Als Hauptursache ist hier eindeutig die Nierenschädigung durch zurückliegende Entzündungen und Infektionen anzuführen, mit anderen Worten: Die chronische Nephritis kann sich durch wiederholte Reizungen des Nierengewebes selbständig entwickeln, jedoch auch aus einem akuten Zustand hervorgehen.

Therapiemöglichkeiten

Homöopathisch:
- *Silicea D 4:* bei chronischer Nephritis, allgemeines Konstitutionsmittel
- *Berberis D 3:* bei schlechtem Allgemeinbefinden, eingeschränkter Nierenfunktion
- *Cantharis D 6, D 8:* bei Drang zu häufigem Urinabsatz, wobei nur kleine Mengen Urin abgesetzt werden.

- *Mercurius sublimatus corrosivus D 6:* bei Schwäche, möglicher Urämie

Pharmazeutisch:
- *Mucokehl-Tropfen*
- *Berberis Homaccord*
- *Cantharis compositum*
- *Uvalysat Bürger*

Harnstoffvergiftung (Urämie)

Bei der Urämie ist der Prozeß der Degeneration bereits weit fortgeschritten, d. h., die Nieren haben nur noch eine eingeschränkte Funktion, so daß der „Filter" nur noch unzureichend seine eigentliche Aufgabe ausführen kann. Durch das Unvermögen, die Giftstoffe auszuscheiden, verbleiben diese im Organismus, wodurch dieser langsam aber sicher sich selbst vergiftet.

Symptome

Die Symptome der Urämie gleichen im wesentlichen denen der akuten Nephritis, z. B. Erbrechen, Durchfall, verbunden mit Elektrolytverlust. Dazu sind Kreislaufstörungen, urämischer Mundgeruch und Hinfälligkeit aufzuführen, um nur noch einmal einige der Symptome ins Gedächtnis zu rufen. Nur durch Laboruntersuchungen kann zwischen Urämie und Nephritis unterschieden werden.

Ursachen

Als Ursache kann auch hier eine vorausgehende Entzündung oder Infektion genannt werden. Aber auch Durchblutungs- oder Harnabflußstörungen können dazu führen, ebenso wie ein Blutdruckabfall durch Blutverlust oder Schock (z. B. nach einem Unfall).

Therapiemöglichkeiten

Homöopathisch:

- *Kalium nitricum D 3:* unterstützende Medikation bei Urämie
- *Lespedeza sieboldii D 4:* dto.

Nierensteine

Auch bei Tieren können Nierensteine vorkommen. Ebenso wie beim Menschen sind hier verschiedene Arten festzustellen, wie Uratsteine, Phosphatsteine oder Oxalatsteine. Je nach Größe und Beschwerden sollte auch beim Tier ggf. eine operative Entfernung mit in Betracht gezogen werden.

Symptome

Nierensteine verursachen zumeist und insbesondere während der Entstehungsphase keine besonderen Beschwerden. Nierensteinkoliken sind nicht sehr häufig, können jedoch durchaus im akuten Fall vorkommen. Eventuell vorhandene Blutbeimengungen sind im Urin gut verteilt und für das bloße Auge nicht sichtbar. Auffällig ist die Druckempfindlichkeit der betroffenen Niere(n).
Die Tiere haben auch Blähungen und verhalten den Kot, kurzfristig auch den Urin.

Ursachen

Für Nierensteine sind einige Rassen besonders anfällig, z. B. Dalmatiner oder Dackel. Fütterungsfehler (einseitiges Futter), Stoffwechselstörungen sowie der gutgemeinte, aber erhöhte Zusatz von Mineralien begünstigen die Entstehung von Steinen auch bei anderen Rassen.

Therapiemöglichkeiten

Homöopathisch:

- *Chelidonium D 6 , D 8:* bei Koliken
- *Solidago D 2, D 4:* bei gestörter Nierenfunktion
- *Lycopodium D 30:* bei gestörtem Harnabsatz
- *Solidago D 4, D 6:* dto.

Phytotherapeutisch:

Teemischungen:

Herba Chelidonii (Schöllkraut)	10 g
Radix Althacae (Eibischwurzel)	15 g
Radix Rubiae (Krappwurzel)	25 g

oder

Herba Hyperica (Hartheu)	10 g
Herba Thymii (Thymian)	10 g
Herba Chelidoni (Schöllkraut)	10 g
Folia Malvae (Malvenblätter)	20 g

Teemischung jeweils gerechnet auf 1 l Wasser.

Pharmazeutisch:

- *NeyNephrin (Nr. 63)*
- *Ren (Nr. 7)*
- *Solidago compositum 5*
- *Reneel*

Ergänzende Therapie:

Die Ernährung muß frei sein von steinbildenden Substanzen. Dies richtet sich allerdings danach, um welche Steine es sich handelt.

Folgende Diät ist bei den einzelnen Steinen zu empfehlen:

Uratsteine: wenig Fleisch, keine Innereien, Milchprodukte, pflanzliches Eiweiß, Kartoffelbrei, Brot.

*Phosphatsteine:*Haferflocken, Fleisch, Reis (salzarme Kost).

Oxalatsteine: Fleisch in roher Form, geringe Zufuhr von Kohlenhydraten, Futterzusätze, wie z. B. Vitamin B_{12} und Magnesium.

Harnblasenentzündung (Zystitis)

Bei dieser Erkrankung entzündet sich genau gesagt die Harnblasenschleimhaut. Je nachdem, welche Schichten der Blasenwand betroffen sind, treten auch unterschiedliche Schweregrade auf.
Auch bei einer Zystitis unterscheidet man eine akute, d. h. schnell und heftig auftretende Entzündungsform bzw. eine chronisch verlaufende Form. Man muß sich vorstellen, daß der Urin, von den Nieren über das Nierenbecken kommend, durch den Harnleiter in die Blase gelangt und dort gesammelt wird. Häufig ist nun eine Erkältung der Grund zu einer akuten Blasenentzündung.
Eine vorbeugende Maßnahme, um dies auszuschließen, wäre z. B., generell nach jeder Durchnässung des Hundes diesen immer gut abzutrocknen oder gar zu fönen (wenn er es zuläßt). Lassen Sie Ihren kleinen Hund bei der Kälte auch nicht „nackt" spazierengehen, denken Sie vielmehr ruhig daran, ihm etwas überzuziehen und ihn vor allem nicht allzu lange auf eiskaltem Boden laufen oder gar stehen/sitzen zu lassen. Der übliche Einkaufsspaziergang mit Warten auf Frauchen vor dem Laden sollte hier tunlichst entfallen.

Akute Harnblasenentzündung

Symptome

Im akuten Fall werden vom Hund unter Schmerzäußerungen geringe Mengen Harn abgesetzt, der bei einer näheren Untersuchung trüb erscheint und zum Teil auch mit Blut vermischt ist. Hervorgerufen durch die Schmerzen, zieht das Tier den Rücken auf, d. h., es krümmt den Rücken. Bei vorsichtigem Abtasten im Blasenbereich läßt sich ein Druckschmerz feststellen. Fieber und Appetitlosigkeit kommen hinzu, in schweren Fällen sogar eine gewisse Hinfälligkeit.

Ursachen

Da die Scheide der Hündin sich an exponierter Stelle befindet und somit relativ ungeschützt liegt, ist dies mit ein Hauptgrund, daß vor allem bakterielle Erreger über die Harnröhre in die Blase eindringen können. Es ist nicht aus der Luft gegriffen, daß hier vor allem Hunde betroffen sind, die bei jedem Anhalten, z. B. an einer Straße, immer absitzen müssen. Da diese Stellen ja nicht gerade reinlich sind, je nach Witterung auch noch Nässe und Kälte, d. h. eine Unterkühlung, hinzukommen, ist die Gefahr einer Entzündung gegeben. Auch eine Verletzung der Harnblase, z. B. durch einen Unfall oder den Deckakt leisten einer Entzündung Vorschub. Ungeschicktes Katheterisieren, Scheidenentzündungen sowie Gebärmutterentzündungen bzw. Prostataleiden gehören ebenfalls zu den möglichen Ursachen.
Ferner gibt es Tiere, die entweder von Haus aus sehr wenig Wasser zu sich nehmen oder nicht die Möglichkeit haben, genügend zu trinken, so daß hier wegen des Flüssigkeitsmangels die Blase eine größere Entzündungsneigung zeigt.
Und ein ganz großes Manko, das dem Hundehalter angelastet werden muß, ist der „absolut stubenreine Hund", ein Tier, das nicht ausreichend oft oder lange Gelegenheit hat, seine Blase zu entleeren, sondern immer gezwungen ist, über einen längeren Zeitraum den Urin zu halten. So ist es gerade bei gedankenlosen Hundehaltern nicht selten, daß der Hund etliche Stunden warten muß, bis er seine Notdurft verrichten darf, und wenn möglich auch noch im Hopplahopp, zweimal um die Ecke muß reichen.
Ergänzend zu den genannten Ursachen ist dann auch noch der Blasentumor zu nennen, der zwar nicht häufig vorkommt, jedoch eben auch als Faktor mit in die Diagnose einzubeziehen ist.

Therapiemöglichkeiten

Homöopathisch:

- *Cantharis D 6/D 8:* bei schmerzhaftem Harnträufeln
- *Dulcamara D 4/D 6:* bei Erkältung, akuter Blasenentzündung
- *Berberis D 6:* bei Blasenentzündung
- *Sabina D 6/D 12:* bei blutigem Urin

- *Sabal serrulatum D 3/D 6:* bei erfolglosem Harnabsatz
- *Aconitum D 30:* bei akuter Entzündung
- *Belladonna D 12/D 30:* bei Blasenentzündung
- *Hepar sulfuris D 4/D 12:* bei Entleerungsstörungen, Schleimanteilen im Urin
- *Solidago virgaurea D 2/D 4:* bei Blut im Urin, verstärktem Harndrang, zur Anregung der Nierentätigkeit
- *Cannabis sativa D 3:* zur Anregung der Harnausscheidung

<u>*Phytotherapeutisch:*</u>
- *Echinacea purpurea:* zur Stärkung der körpereignen Abwehrkräfte

<u>*Teezubereitungen:*</u>
Aus folgenden Pflanzen bzw. deren Bestandteilen können Tees zusammengestellt und verabreicht werden:
- Goldrute *(Solidago virgaurea):* als Tee 1–2 Teelöffel Blüten mit 1/4 l kaltem Wasser übergießen, zum Sieden bringen und 2 Minuten ziehen lassen.
- Birke *(Betula pendula):* frisch verfütterbar oder Blätter heiß überbrühen und 10 Minuten ziehen lassen.
- Heidekraut *(Calluna vulgaris):* als Tee aufbrühen.
- Wintergrün *(Chimaphila umbellata)*
- Liebstöckel *(Levisticum off.)*
- Hauhechel *(Ononia spinosa):* die Wurzel mit kochendem Wasser übergießen und 30 Minuten ziehen lassen.
- Brennessel *(Urtica dioica L./Urtica urens L)*
- Zinnkraut *(Equisetum arvense)*
- Petersilie *(Petroselinum sativum)*
- Angelika *(Angelica archangelica)*

<u>*Pharmazeutisch:*</u>
- *Esberitox N*
- *Metavirulent*
- *Echinacea comp. S*
- *Solidago comp. S*
- *Berberis Homaccord*
- *Aniflazym* (hier sind vor dem Einsatz Nieren- und/oder Leberschäden

auszuschließen)
- *Mucosa vesicae urinariae (Nr. 34)*
- *NeyNephrin (Nr. 63)*
- *Rhoival*
- *Cysticum-Solidago*-Lösung
- *Herniol*

Chronische Harnblasenentzündung

Symptome

Die Symptome der chronischen Zystitis sind ähnlich der akuten Form, jedoch treten sie in der Regel weniger heftig auf, Blut im Urin ist bei dieser Verlaufsform oftmals nicht zu finden.

Ursachen

Als Ursachen sind hier hauptsächlich Blasensteine und Harngrieß die auslösenden Faktoren, ebenso wie Diabetes mellitus (Zuckerkrankheit). Bei den Hündinnen spielt die gegenüber dem Rüden kurze Harnröhre eine bedeutendere Rolle bei der Entstehung der Krankheit.

Therapiemöglichkeiten

Homöopathisch:
- *Lycopodium D 3/D 6:* bei häufigem Drängen, wenig Urinabsatz
- *Causticum D 12:* häufiger Harndrang, eingetrübter Urin
- *Aristolochia clematitis D 6:* häufiger Harndrang, eingetrübter Urin
- *Sulfur D 30:* bei stark riechendem Urin
- *Sarsaparilla D 3:* bei schmerzhaftem Harnabsatz

Phytotherapeutisch:
- *Echinacea purpurea*

<u>*Teezubereitungen*</u>
als Unterstützung aus

- Goldrute *(Solidago virgaurea):* 1–2 Teelöffel Blüten mit 1/4 l kaltem Wasser übergießen, zum Sieden bringen, 2 Minuten ziehen lassen.
- Birke *(Betula pendula):* frisch verfütterbar oder Blätter heiß überbrühen und 10 Minuten ziehen lassen.
- Heidekraut *(Calluna vulgaris):* als Tee aufbrühen
- Wintergrün *(Chimaphila umbellata):* als Tee
- Liebstöckel *(Levisticum off.):* als Tee
- Hauhechel *(Ononia spinosa):* die Wurzel mit kochendem Wasser übergießen und 30 Minuten ziehen lassen.
- Große Brennessel *(Urtica urens)*
- Zinnkraut *(Equisetum arvense)*
- Petersilie *(Petroselinum sativum)*
- Angelika *(Angelica archangelica)*

<u>*Pharmazeutisch:*</u>

- *Mucosa vesicae urinariae (Nr. 34)*
- *NeyNephrin (Nr. 63)*
- *Reneel*
- *Sabal Homaccord*
- *Nephrubin*

Zusätzliche Maßnahmen sowohl bei akuter als auch chronischer Verlaufsform der Zystitis:

- Wärmeanwendungen (Rotlich, Kurzwellenbestrahlung),
- fleischarme Kost,
- harntreibende Fertigtees,
- leicht gesalzenes Futter zur Anregung der Aufnahme größerer Flüssigkeitsmengen

Blasen- und Harnröhrensteine (Urolithiasis)

Man sagt hierzu auch Harnsteinkrankheit, womit das Auftreten von Harnsteinen (Urolith) in den harnbildenden und -ableitenden Organen gemeint ist. Nierensteine, die im weiteren Sinne auch der Urolithiasis zugeordnet werden, sind in der Regel symptomlos (s. separates Kapitel, Seite 89).

Symptome

Bei Blasen- und/oder Harnröhrensteinen ist die Symptomatik ähnlich wie bei der Blasenentzündung (Zystitis), d. h., die Steine verursachen Harndrang, Harnverhalten oder lediglich ein Harnträufeln. Zumeist bei den männlichen Tieren entstehen beim Festsetzen des Steins in der Harnröhre starke Schmerzen, Auslöser für die darauffolgenden Krämpfe.

Ursachen

Ausschließliche Fleischfütterung sowie die unkontrollierte Verabreichung von Mineralstoffen nach dem Motto „Viel hilft viel“ sind immer wieder die Hauptursachen. Auch Vitamin-A-Mangel sowie eine ausschließliche Ernährung mit Trockenfutter sind hier anzuführen. Letzteres allerdings nur, wenn nicht gleichzeitig auf eine wirklich ausreichende Wasserzufuhr geachtet wird. Gegebenenfalls beobachten Sie Ihr Tier einmal, um festzustellen, ob und wieviel es trinkt. Markieren Sie auch einmal den Trinknapf, um den ursprünglichen Wasserstand nach einem halben oder ganzen Tag gegenüber dem Istzustand festzuhalten.
Leider neigen einige Rassen ganz besonders zur Steinbildung, so z. B. Pudel, Dalmatiner, Pekinesen, Boxer und Schnauzer.

Therapiemöglichkeiten

<u>*Homöopathisch:*</u>

- *Calcium phosphoricum D 6:* stündlich gegeben im Wechsel mit *Natrium sulfuricum D 6.*
- *Terebinthina D 12:* bei Grieß und Steinen
- *Berberis D 4:* bei festgesetztem Stein in der Harnröhre
- *Cantharis D 6/D 8:* bei festgesetztem Stein in der Harnröhre
- *Ubichinon:* zur Unterstützung der Steinauflösung

<u>*Pharmazeutisch:*</u>

- *Mucosa vesicae urinariae (Nr. 34)*
- *Cantharis compositum*
- *Reneel*
- *Berberis Homaccord*

Harngrieß (Harnsand)

Im Gegensatz zum Harnstein sind es hier nur einzelne Konkremente, die sich in der Niere bzw. im harnableitenden System bilden. Trotzdem darf auch Harngrieß keinesfalls verharmlost werden.

Symptome

Als erstes wird dem Hundehalter ein dünner oder unterbrochener Urinstrahl auffallen. Kontrollieren Sie daher ruhig einmal genau, wie Ihr Hund uriniert. Denn auch Harngrieß kann zu einem lebensbedrohlichen Zustand führen, so daß der Harnabsatz nicht mehr erfolgt.
Begleitet wird dieses auffällige Symptom von Appetitlosigkeit, Erbrechen und Untertemperatur.

Ursachen

Die Ursachen sind dieselben wie bei den Blasensteinen (s. Seite 96).

Therapiemöglichkeiten

Homöopathisch:
- *Sabal serrulatum D 3/D 4:* bei gestörtem Harnabsatz
- *Lycopodium D 8/D 12:* dto.
- *Berberis D 4:* dto.
- *Sarsaparilla D 2:* bei schmerzhaftem Harnabsatz
- *Ubichinon:* als Unterstützung zur Grießauflösung

Pharmazeutisch:
- *Reneel*
- *Solidago compositum*
- *Cantharis compositum*
- *Mucosa vesicae urinariae (Nr. 34)*

Unterstützende Diät:
- Reduktion der Fleischmenge
- Fütterung von verschiedenen Getreidesorten
- Joghurt, Dickmilch, Kefir
- spezielle Fertigdiäten

Vorhautkatarrh (Posthitis)

Da der Penis des Rüden nicht nur als Fortpflanzungsorgan, sondern auch ein Teil des harnableitenden Systems ist, wird diese Krankheit mit unter denen der Harnorgane geführt.
Ein Vorhautkatarrh kommt beim männlichen Tier häufiger vor, was allerdings nicht jedem Hundehalter sofort auffällt, da er in der Regel ohne größere Beschwerden für das Tier abläuft.

Symptome

Erst wenn das Tier sich häufig am Penis leckt oder gar unliebsame Flecken auf dem Teppich hinterläßt, wird man bei näherem Hinsehen und Kontrollieren ein weiß-gelbliches bis grünliches Sekret feststellen, das teilweise sogar aus der Vorhaut tropft. Die Flecken lassen sich nur schwierig entfernen. In manchen Fällen verkleben auch die Haare an der Penisspitze.

Ursachen

Ein Vorhautkatarrh resultiert meist aus mangelnder Hygiene oder wenn der eigene Hund möglicherweise die Liegefläche (Korb usw.) eines schon erkrankten Tiers aufsucht. Auch ein übersteigerter Sexualtrieb beim Rüden, hervorgerufen durch die läufige Hündin in der Nachbarschaft, führt zu dieser lästigen Erkrankung.

Therapiemöglichkeiten

Homöopathisch:

- *Echinacea-Tinktur*, im Verhältnis 1:20 mit lauwarmem Wasser verdünnt, oder 3-%-H_2O_2-Lösung (Wasserstoffperoxid) werden mit einem Klistierballon vorsichtig zwischen Penis und Vorhaut eingebracht, und dieser Bereich wird damit gespült. Die Menge ist abhängig von der Größe des Geschlechtsorgans; beim Kleinhund genügen etwa 2 ml, bei großen Rassen können bis 10 ml notwendig sein.
- *Sulfur D 12:* ergänzend bei gelbem Ausfluß und unangenehmem Geruch.

Ergänzende Maßnahmen:

Da ein Vorhautkatarrh immer wiederkehrt, d. h. zu einem Rezidiv neigt, ist auf peinlich genaue Hygiene zu achten. Dies setzt voraus, daß Sie dem Hund täglich die Vorhaut mit einem sauberen, feuchten, lauwarmen Lappen oder einem feuchten Papiertaschentuch reinigen. Es ist selbstverständlich, daß Sie Lappen und Papiertuch nur einmal verwenden.

Decken, Kissen und sonstige Unterlagen des Hundes, vor allem die, die durch typisch weiß-gelbliche Flecken „verziert“ sind, müssen entfernt und vor einer Wiederverwendung gewaschen werden. Erfolgt diese Maßnahme nicht oder nur halbherzig, wird ihr Hund sich mit dem Katarrh immer wieder neu anstecken.

Erkrankungen des Bewegungsapparats

Unter Bewegungsapparat werden alle die Organe eingeordnet, die dazu dienen, dem Körper des Hundes die notwendige Stabilität zu verleihen und die Bewegung zu ermöglichen.
Man unterscheidet hier einen *passiven Bewegungsapparat*, womit z. B. das Skelett und seine knorpeligen und bindegewebigen Anteile gemeint sind, und in einen *aktiven Bewegungsapparat*, der die Muskeln und deren zusammenhaltendes Bindegewebe umfaßt.
Die für die Statik und Dynamik erforderlichen Leistungen werden in einem ständigen, engen Zusammenspiel zwischen dem passiven und dem aktiven Bewegungsapparat erbracht. Treten hier nun Störungen auf, sei es durch äußere oder innere Einflüsse, so ist das Wohlbefinden bzw. der Bewegungsablauf des Tieres deutlich gestört, je nach Schwere der Erkrankung.

Bandscheibenvorfall (Prolaps)

Besser bekannt ist der Bandscheibenvorfall unter der Bezeichnung „Dackellähme", wenngleich auch andere, vor allem ähnlich gebaute Hunderassen davon betroffen sein können, z. B. Beagles, Basset-Hound, Bayrische Gebirgsschweißhunde, Schäferhunde, um nur einige zu nennen. Überwiegend tritt diese Krankheit bei Tieren auf, die sich bereits in der 2. Hälfte Ihres Daseins befinden, selten bei jüngeren Tieren.
Vergegenwärtigen Sie sich das anatomische Ungleichgewicht – ein sehr

langer Rücken zu extrem kurzen Beinen –, und Sie können sich unschwer vorstellen, welche Belastung tagaus tagein auf den Zwischenwirbelscheiben der Wirbelsäule liegt. Diese Zwischenwirbelscheiben sind weich und nachgiebig. Sie stellen einerseits den eigentlichen Puffer für den Bewegungsablauf dar und verbinden andererseits die Wirbelkörper fest, aber doch elastisch miteinander.

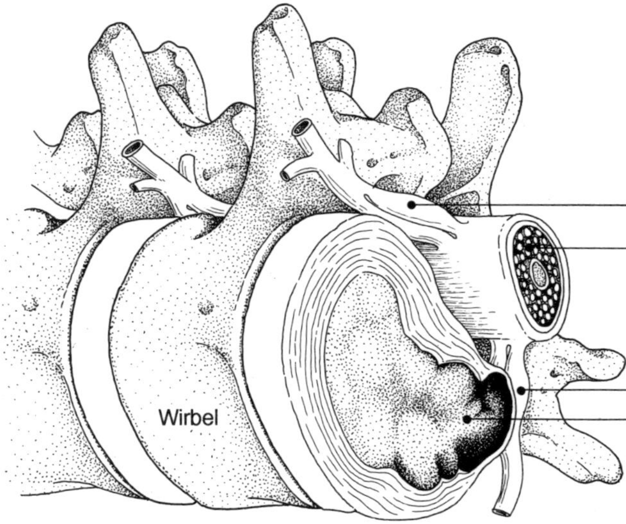

Bei einem Bandscheibenvorfall passiert es nun, daß diese Zwischenwirbelscheiben in Richtung auf den Wirbelkanal hervorquellen. In diesem verläuft das Rückenmark, das durch den ungewohnten Druck geschädigt wird. Im Anfangsstadium werden erst das Rückenmark und die feinen Nervenstränge gereizt, was immer mit einem Schmerz für den Hund verbunden ist und vielerorts erst einmal für Rheumatismus gehalten wird. Meist geht dieses Schmerzstadium den eigentlichen Lähmungserscheinungen voraus. Die Lendenwirbelsäule ist häufiger von der Dackellähme betroffen als die Halswirbelsäule.

Symptome

Nach der Schwere der Erkrankung – man spricht von einem *kleinen Vorfall* oder einem *großen Vorfall* – richtet sich die Symptomatik.

Beim *kleinen Vorfall* sind ein gekrümmter Rücken, gepaart mit steifem Gang sowie Schmerzäußerungen beim Hochnehmen des Tiers nahezu eindeutige Hinweise. Der Hund wird, auch wenn er früher noch so gerne auf das Sofa gesprungen ist, diese Bewegung genauso vermeiden wie das Treppensteigen. Manchmal knicken die Vorderbeine scheinbar ohne Zutun ein, der Kopf ist dabei nach vorne gestreckt.
Beim *großen Vorfall* äußert der Hund spontan seine Schmerzen, wobei dies mit einer teilweisen oder vollständigen Lähmung der hinteren Extremitäten verbunden ist. Das Tier wird sich gegen jede, noch so gut gemeinte Berührung oder Verlagerung des Körpers wehren, da jegliche Bewegung sehr schmerzhaft ist.
Bei einer vollständigen Hinterhandlähmung kann es zu Aufschürfungen durch das Hinterherziehen der Hinterbeine kommen. Bei einem solchen Schweregrad ist auch die willkürliche Blasen- und Darmentleerung gestört.

Ursachen

Noch gibt es verschiedene wissenschaftliche Auffassungen über die Ursachen dieser Erkrankungen; sei es, daß rasse- oder altersbedingte Verknöcherungen auftreten, die das Brüchigwerden des Bandscheibengewebes zur Folge haben, oder daß das Treppensteigen, Überwinden hoher Hindernisse und Übergewicht die Übeltäter sind. Einigkeit über die Ursache dürfte jedoch bestehen, wenn es sich um Folgen eines Unfalls handelt.

Therapiemöglichkeiten

Grundsätzlich gehört ein Bandscheibenvorfall in fachmännische Behandlung. Der Transport dorthin muß selbstverständlich äußerst vorsichtig geschehen. Achten Sie vor allem darauf, daß die Unterlage, auf die Sie das Tier legen, möglichst hart und fest ist. Verwenden Sie keinesfalls eine weiche Unterlage, damit der Hund es „bequem“ hat. Damit fügen Sie im noch mehr Schmerzen und möglicherweise Schaden zu, da der geschädigte Rükken noch mehr durchhängt und somit noch mehr Druck auf die strapazierten Zwischenwirbelscheiben entsteht.

Homöopathisch beim kleinen Vorfall:

- *Colocynthis D 4:* steifer Gang, gekrümmter Rücken
- *Calcium fluoratum D 6:* Muskel- und Sehnenschwäche
- *Cocculus D 6:* Muskel- und Sehnenschwäche
- *Strychninum arsenicosum D 8:* Muskel- und Sehnenschwäche bei gleichzeitig einknickenden Vorderbeinen
- *Rhus toxicodendron D 30:* zur Nachbehandlung
- zusätzlich Vitamin-B_{12}-Tabletten

Homöopathisch beim großen Vorfall:

- *Nux vomica D 4:* wackliger, steifer Gang, Bewegungsstörungen der Hinterhand
- *Curare D 8/D 12:* beginnende oder bestehende Lähmung der Hinterbeine
- *Plumbum aceticum D 6:* dto.

Phytotherapeutisch:

Teemischung aus Schlangenwurzel (Rhizoma Cimifugae) und Meisterwurz (Rhizoma Imperatoriae).

Pharmazeutisch (bei kleinem und großem Vorfall):

- *Spascupreel:* um die aufgetretene Verspannung/Verkrampfung zu lösen
- *Colocynthus Homaccord:* dto.
- *Discus compositum:* allgemeiner Einsatz bei Wirbelsäulenerkrankung
- *Variolinum Injeel:* um den Schmerz zu reduzieren
- *Milgamma-Dragees:* zur Steigerung der Durchblutung
- *Vitamin-B-Komplex-Dragees:* zur Steigerung der Durchblutung

Allgemeine Therapien:

Bewegungstherapie: Auch wenn es Ihnen möglicherweise lächerlich erscheint, aber fahren Sie mit den Hinterbeinen Ihres Hundes täglich 2- bis 3mal „Rad“. Das Tier liegt hierbei auf dem Rücken. Diese Bewegung erhält dem Tier eine gewisse Beweglichkeit und einen Muskeltonus, ohne daß der Rücken belastet wird.

Massage: Sie können Ihrem Hund auch Gutes tun, indem Sie mit den Daumen die Rückenpartie sanft streichend massieren. In der Lendengegend und im Bauchbereich benutzen Sie hierzu mit gebotener Vorsicht Ihre

Handflächen. Dadurch wird die Muskulatur entspannt und gleichzeitig die durch die Lähmung gestörte Blasen- und Darmentleerung gefördert.

Wasserbehandlung (Hydrotherapie):
Ihr Hund ist wirklich ein armer Tropf mit einer solchen Krankheit. Gönnen Sie ihm daher durchaus kurze Wechselduschen, beginnend mit lauwarmem Wasser, dessen Temperatur gesteigert wird bis zur maximalen Verträglichkeit. Da jedes Tier unterschiedlich reagiert, beobachten Sie auch Ihren Vierbeiner, ab welchem Zeitpunkt er sich gegen die Wassertemperatur zu sträuben beginnt.
Gehen Sie dann zurück auf lauwarmes, eventuell sogar kälteres Wasser, und halten Sie diese Temperatur etwa 2–3 Sekunden.
Wiederholen Sie diese Prozedur 3- bis 4mal, und achten Sie peinlich darauf, daß der Duschstrahl auf die hintere Rückenpartie trifft. Anschließend trocknen Sie den Hund gründlich und vor allem mit der gebotenen Vorsicht ab.

Hygiene:
Da es, wie schon erwähnt, beim großen Vorfall zur Lähmung der Schließmuskeln kommt, kann das Tier Wasser und Kot nicht halten. Es kommt zu laufendem Harnabgang, auch der Kot geht unwillkürlich ab. Dies bedeutet nicht nur, daß Herrchen oder Frauchen ständig mit Putzeimer und Trockentüchern bewaffnet herumlaufen, sondern auch, daß diese ständige ungewollte Nässe zum Wundwerden führt.
Dies sollten Sie unbedingt einfach aus Hygienegründen vermeiden. Waschen Sie daher Ihrem Hund in dieser Zeit täglich das Hinterteil mit pH-freien Produkten bzw. speziellen Seifen oder Shampoos für Hunde. Die vom Mensch benutzte parfümierte Seife bringt der ohnehin schon strapazierten Haut nur noch weitere Reizungen.

Gelenkentzündung (Arthritis)

Wie bei allen Entzündungen, kommt es auch hier anfangs zu akuten Zuständen, die unbehandelt sehr schnell in eine chronische Form umschlagen.

Von einer solchen Entzündung kann jedes Gelenk betroffen werden, jedoch erkranken vor allem Schulter-, Ellbogen- Hüft- und Kniegelenk, alles Gelenke mit hohen Beanspruchungen.

Symptome

In der Regel zeigt der Hund deutliche Störungen im Bewegungsablauf, d. h., er hinkt oder hat einen angespannten, steifen Gang. Vor allem beim Aufstehen oder bei etwas stärkerer Berührung im Nacken-, Schulter- oder Lendenbereich kann der Hund sogar aufschreien. Die Beweglichkeit der Gelenke ist deutlich eingeschränkt, und manchmal vernehmen Sie auch ein Knacken im Gelenk.
Bei einem akuten Entzündungsschub und ausgeprägter Erkrankung finden Sie nicht selten erhöhte Temperatur bzw. Fieber. Hat die Arthritis den Nakken-Schulter-Bereich befallen, kann es sogar bis zur Freßunlust und Futterverweigerung kommen. Nicht, weil das Tier nicht fressen will, sondern die Beugehaltung bereitet ihm hier ganz einfach Schmerzen. Sie können dem entgegenwirken, indem Sie den Futternapf auf eine ausgleichende Höhe bringen, so daß der Hund bei nahezu waagrechter Kopfhaltung fressen kann. Dies ist auch beim gesunden Hund die ideale Körperhaltung beim Fressen.

Ursachen

Eine Gelenkentzündung ist meist die Folge von Überanstrengungen und äußeren Einwirkungen. Dies kann ein Sturz, Hängenbleiben mit einer Gliedmaße oder Gegenschlagen an ein Hindernis einschließlich einem Fehltritt sein. Ebenso jedoch können auch das Liegen auf kaltem Boden, möglichst noch in der Zugluft, und das Schwimmen in kaltem Wasser ursächlich sein. Von letzterem sind vor allem die Jagd- und Apportierhunde betroffen, die sich bei der Suche nach der erlegten Beute nicht unbedingt ein temperiertes Wasser aussuchen können, vor allem im Winter nicht.

Therapiemöglichkeiten

Homöopathisch:

- *Rhus toxicodendron D 12:* bei Erkrankungen nach Kälte und Nässe, akutes Geschehen, Verbesserung des Bewegungsablaufs nach längerem Laufen
- *Lachnanthes tinctoria D 6:* bei Nacken-Schulter-Beschwerden, mühsames Aufstehen
- *Lycopodium D 6:* bei Unruhe, Gliederschmerzen, in Ruhestellung verstärkte Beschwerden, Besserung in der Bewegung
- *Dulcamara D 6:* bei Erkrankung nach Kälte und Nässe. Wärme bringt Erleichterung und wird als angenehm empfunden.
- *Rhododendron D 4:* bei chronischer Erkrankung
- *Bryonia D 4:* bei schmerzhaften, geschwollenen Gelenken, Bewegungsschmerz
- *Arnica D 6:* zu Beginn der Erkrankung

Phytotherapeutisch:

- *Taraxacum officinalis:* bei chronischer Erkrankung
- *Harpagophytum procumbens:* bei akut entzündeten Gelenken

Falls gleichzeitig Stoffwechselstörungen vorliegen, bewähren sich stoffwechselanregende Tees, z. B.

- Viola tricolor (Feldstiefmütterchen)
- Herba equeseti (Schachtelhalm)

Pharmazeutisch:

- *Rheum-Heel-Tabletten:* allgemein
- *Rhododendroneel-S-Tropfen:* allgemein
- *Discus compositum Injeel:* Wirbelsäule / Gelenke
- *Medorrhinum Injeel:* steife, knackende Gelenke
- *Placenta compositum:* periphere Durchblutungsstörungen
- *Guajacum Injeel:* bei chronischer Erkrankung
- *Chamomilla Injeel:* Schultergelenke
- *NeyArthros (Nr. 43):* allgemein
- *NeyTroph (Nr. 96)*

- *NeyChondrin (Nr. 68)*
- *Zeel-Salbe*
- *Harpagophytum-Salbe*
- *Spiritus calami:* äußerlich als Einreibung

Degenerative Veränderung des Gelenkknorpels (Arthrose)

Diese Erkrankung tritt vornehmlich bei älteren Tieren auf, kann jedoch unter Berücksichtigung der verschiedenen Ursachen durchaus auch beim jüngeren Tier vorkommen. Man bringt die Arthrose mit den Alterungsprozessen und dem damit verbundenen „Verschleiß" des Knorpels und der Knochen in Verbindung. Am meisten sind hier die Knie- und Hüftgelenke betroffen.

Symptome

Die Beschwerden bei einer Arthrose zeigen sich deutlich beim Aufstehen. Das Tier kommt nur sehr schwerfällig auf die Beine, zieht eine Extremität nach oder hinkt eine Zeitlang auf 3 Beinen herum.
Eine ruhige, gleichmäßige. Bewegung ohne schnelle Stop-and-Go-Abläufe bessert meist das Befinden. Fordern Sie jedoch Ihren Hund in der Bewegung, so werden sich die Symptome sehr schnell wieder verstärken.

Ursachen

Als Ursachen werden die Abnutzung des Gelenkknorpels und Übergewicht angeführt.
Bedenken Sie bitte auch, daß Sport auf dem Hundeplatz zwar viel Spaß und Freude bereitet, ein zu starkes Bewegungstraining (vor allem im jugendlichen Alter des Hundes) jedoch durchaus eine Arthrose nach sich zie-

hen kann, insbesondere dann, wenn das Tier bereits eine angeborene Fehlstellung mitbringt (z. B. Hüftgelenksdysplasie).

Therapiemöglichkeiten

Homöopathisch:
- *Rhus toxicodendron D 10/D 30:* Schulter, Wirbelsäule
- *Causticum D 4/D 12:* Lendenwirbel, Hüftgelenk, Schwäche
- *Ammonium crudum:* gesamtes Fußgelenk

Phytotherapeutisch:
- *Viscum album D 4:* bewirkt Schmerzlinderung
- *Arnika D 8:* dto.
- *Hekla Lava D 8:* dto. sowie entzündungshemmend

Umschläge und Einreibungen:
- *Kyttasalbe*
- *Kytta-Fluid*
- *Arnikasalbe*
- *Kwizda „Rösserfluid"* (nur in Österreich erhältlich)
- *Arthrosenexsalbe*
- *Arnika- und Kampferspiritusumschläge*

Pharmazeutisch:
- *Helixor*
- *Zeel P Tropfen/Tabletten*
- *NeyChondrin (Nr. 68)*
- *NeyArthros (Nr. 43)*
- *Musculi*
- *Placenta (Nr. 15)*
- *Osteochondrin*
- *Haifischknorpelpulver*

Erkrankungen der Atemwege

Wenn eine Atemwegserkrankung vorliegt, muß man sich immer wieder von neuem fragen, welchen Abschnitt dieses „Apparats“ es erwischt hat. Gleiche oder vergleichbare Beschwerden müssen nicht immer von einer und derselben Stelle ausgehen. Die Ursachen können in den luftzuführenden Wegen, wie Nase, Rachenhöhle, Kehlkopf, Luftröhre und Bronchien, zu suchen sein.

Die gute Nase des Hundes ist auch für den Nicht-Hundebesitzer ein Begriff. Jagdhunde, Rettungshunde, Polizei- und Suchhunde „arbeiten“ mit der Nase. Aber auch nicht „berufstätige“ Haus- und Wohnungshunde verfügen über einen hervorragenden Geruchssinn.

Die über die Nase aufgenommenen Informationen werden vom Hund analysiert und lösen entsprechende Reaktionen aus; so können sich Rüden kaum mehr von dem spezifischen Sexualgeruch einer läufigen Hündin, den diese absondert, trennen. Die Blutspur eines erlegten Wildes ruft die jagdlichen Instinkte wieder ins Gedächtnis zurück, wohingegen ein Handschuh mit dem Duft des Besitzers zum Spielen verleitet, dagegen die Hosen des Briefträgers jeden Tag aufs neue traktiert werden, sobald es die Gelegenheit zuläßt.

Ist die Nase feucht und naß, macht dem Hund das Leben Spaß, sagt ein Sprichwort. Aber – auch eine trockene oder gar heiße Nase muß nicht immer ein Krankheitszeichen sein. Wird der Hund aus seinem wohligen Schlaf gerissen, hat er nämlich durchaus ein richtiggehendes schlafwarmes Näschen.

Ein trockener oder rissiger Nasenspiegel mit Rissen, Schrunden und Abschürfungen entsteht entweder durch Veranlagung oder durch vielschichtige Grabarbeit des Hundes, wenn die „Knochen beerdigt“ werden.

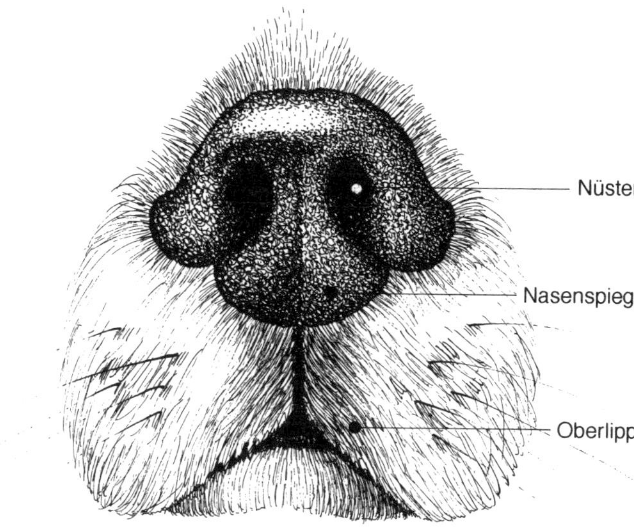

Entzündung der Nasennebenhöhlen (Sinusitis)

Symptome

Auch bei Tieren kommt diese Erkrankung nicht gerade selten vor. Die Symptome sind nicht zu übersehen, sondern sind geradezu offensichtlich. Aus der Nase fließt einseitig eitriger, teilweise mit Blut vermischter, übelriechender Eiter. Die Augen tränen heftig, wobei das Augenlid auf der betroffenen Nasenseite geschwollen sein kann. Leichtes Klopfen an die Nasenwurzel ist für den Hund äußerst schmerzhaft, wozu er sich trotz Abgeschlagenheit und Fieber auch dementsprechend mehr oder weniger heftig äußern wird.

Ursachen

Zahnerkrankungen im Oberkieferbereich (wie Abszesse im Wurzelbereich), Geschwulsterkrankungen oder eine Folgeerkrankung vorangegangener Infektionen sind in der Regel die Hauptursachen.

Therapiemöglichkeiten

Allgemein:
- Beseitigung der Ursachen, z. B. Entfernen eitriger Zähne.
- Auskurieren von eventuell vorangegangenen Infektionskrankheiten.

Homöopathisch:
- *Ferrum phosphoricum D 12:* erschöpfter Hund, Nasenausfluß durchsichtig, teilweise vermischt mit Blut
- *Mercurius solubilis D 12:* eitriger, teils blutiger Ausfluß, verklebte Nasenlöcher, Nasenatmung stark behindert
- *Silicea D 12:* bei chronischer Erkrankung, eitriger, weißlicher und schlecht riechender Ausfluß
- *Luffa D 4:* bei chronischer Erkrankung und festgesetztem Sekret
- *Arsenicum album D 6:* bei durch scharfes Sekret wundgewordenen Schleimhäuten
- *Echinacea D 4/D 6:* zur Steigerung der körpereigenen Abwehrkräfte

Phytotherapeutisch:
- *Eukalyptus:* zur Inhalation
- *Lavendel:* dto.
- *Kamillentee:* dto.
- *Myrtetee:* dto.

Pharmazeutisch:
- *Schwörotox*-Tropfen: zur Stimulanz der körpereigenen Abwehrkräfte

Nasenschleimhautentzündung / Schnupfen (Rhinitis)

Die Rhinitis oder der Schnupfen ist dem Menschen bestens bekannt. Bei plötzlich und heftig auftretenden Attacken spricht man von einer *akuten* Rhinitis. Wenn diese sich nun hartnäckig hält und immer wieder aufflakkert, spricht man bereits von der *chronischen* Form. Hunde unseres Zeitalters müssen ebenso mit diesem Übel kämpfen und können sich dieser Plage nicht entziehen. Im Gegenteil: Hunde, die bei jedem Regentropfen zurück ins Haus müssen (was nicht bedeutet, daß der Hund nun zur „Abhärtung“ in strömendem Regen ausgeführt werden muß), und kurzhaarige bzw. gar nackte Hunde gehören in die Kategorie der am meisten gefährdeten Kandidaten.

Symptome

Beim Mensch wie beim Hund beginnt diese Krankheit mit häufigem Niesen. Auffallend oft fährt sich der Hund mit den Pfoten immer wieder über die Nase und Augen. Danach stellt der Hundebesitzer einen zunächst wäßrigen, dann eitrigen Nasenausfluß fest. Im fortgeschrittenen Stadium verkrusten die Nasenlöcher, Atembeschwerden bis hin zur Atemnot sind die Folge, da die Verklebungen naturgemäß das Atmen durch die Nase erheblich erschweren.

> Bitte beachten Sie, daß ein Schnupfen häufig der Begleiter der Staupe ist.

Ursachen

Dem Schnupfen geht in vielen Fällen eine Virusinfektion voraus. Vornehmlich erkranken hier die Wohnungshunde, die sich einem jähen Wetterwechsel kaum oder gar nicht anpassen können. Selbstverständlich können auch scheinbar robuste Hunde an einer Rhinitis erkranken..
Weitere Ursachen: Reizung der Schleimhaut durch Staub, Blütenpollen, Rauch und Fremdkörper.

Therapiemöglichkeiten

Homöopathisch:
- *Thuja D 6:* bei chronischem Schnupfen

- *Nux vomica D 6:* zu Beginn der Erkrankung, bei Niesen und wäßrigem Ausfluß
- *Euphorbium D 6:* häufiger Niesreiz, klarer Ausfluß, Nasenreiben mit den Pfoten
- *Mucosa comp.:* blutiger Nasenschleim, entzündete Nasenschleimhäute
- *Luffa operculata D 6:* trockene, borkige Nase, eingeschränkte Nasenatmung, wäßriger Nasenausfluss
- *Mercurius solubilis D 12:* eitriger Ausfluß mit Blutbeimischung, stark röchelnde, eingeschränkte Nasenatmung
- *Pulsatilla D 12:* gelb-grünlicher Nasenausfluß, eventuell Blutbeimengung, gestörter Geruchssinn

Phytotherapeutisch:
Kamille-/Myrte-/Eukalyptus-Inhalationen

Pflege des Nasenspiegels:
Trockene Nase, Schrunden und kleinere Wunden: vorsichtiges Reinigen mit lauwarmem Kamillentee, anschließendes Betupfen mit Kalantolöl A.

Pharmazeutisch:
- *Metavirulent:* zur Steigerung der körpereigenen Abwehrkräfte
- *Esberitox:* dto.
- *Schwörotox:* zur Stimulanz der körpereigenen Abwehrkräfte
- Vitamintabletten/-paste für Hunde

Nasenbluten (Epistaxis)

Nasenbluten kommt bei Hunden jeglichen Alters und jeglicher Rasse vor und ist gekennzeichnet durch die nachfolgend genannten Symptome.

Symptome

Aus einem oder gar beiden Nasenlöchern fließt Blut in unterschiedlicher Stärke und unterschiedlichem Aussehen.

Ursachen

Blutungen aus der Nase sind meist die Folge einer Gewalteinwirkung, wie Verkehrsunfall, Sturz oder Schlag. Haben Sie aber eine richtiggehende „Gartenwühlmaus“, die systematisch und bei jeder Gelegenheit im Erdboden gräbt, so ist die Gefahr, daß dieser Hund einen Fremdkörper mit aufnimmt und die empfindlichen Schleimhäute verletzt auch nicht zu unterschätzen.Hier tritt die Blutung dann jedoch meist einseitig auf. Bei einer Untersuchung ist insbesondere auf Veränderungen der Nasenschleimhaut zu achten, z. B. auf Tumore oder sonstige Geschwüre.
Aber auch eine Vergiftung (z. B. mit Rattengift) sowie Lungenblutungen führen zwangsläufig dazu, daß der vierbeinige Patient aus der Nase blutet.

Therapiemöglichkeiten

Allgemeine:
Geringe Blutungen, wie sie durch Platzen kleiner Blutgefäße entstehen, kommen gewöhnlich nach Auflage von kalten Umschlägen im Nacken-Kopf-Bereich schnell wieder zum Stehen, ebenso Nasenbluten, das nach einem Trauma auftritt.
Hilft dieses alte Hausmittel jedoch nicht, oder liegt sogar offensichtlich eine Verletzung des Knochens oder der Weichteile vor, ist der Hund möglichst schnell in fachkundige Behandlung zu bringen.
Damit der Hund dabei nicht das geronnene Blut versehentlich in die Lunge einatmet, ist beim Transport darauf zu achten, daß der Kopf tiefer und seitlich gelagert wird als der Rest des Körpers.

Homöopathisch:
- *Arnica D 6:* Nasenbluten nach Trauma, möglichst sofort zu verabreichen
- *Thalapsie bursa pastoris D 15:* grundsätzlich bei allen Blutungen, bevorzugt im Kopfbereich
- *Staphisagria D 30:* bei akutem Nasenbluten
- *Crocus sativus D 4:* dto.
- *Aurum jodatum D 4:* dto.
- *Kalium phosphoricum D 12:* nach Vergiftungen

Phytotherapeutisch:
- Hirtentäschelkraut: als Auflage oder Tee
- Schafgarbe: dto.
- Bergwohlverleih: dto.

Entzündung der Gaumenmandeln (Tonsillitis)

Die Gaumenmandeln haben auch beim Hund eine sehr wichtige Funktion. Sie sind die ersten Wächter, welche die über Nase oder Mund eindringenden Krankheitserreger jeglicher Art versuchen, abzuwehren und möglichst unschädlich zu machen. Wie bei allen „Fremdlingen", die versuchen, in einen Organismus einzudringen, geht dies nicht ohne mehr oder weniger heftige Reaktion ab. Die Mandeln schwellen an und röten sich. Es entwikkelt sich eine Entzündung, die die Ausbreitung der Infektion verhindern will.
Die bekannten Infektionskrankheiten, wie Hepatitis, Staupe oder Leptospirose, sind mit einer Mandelentzündung verbunden.

Symptome

Bei der Tonsillitis unterscheiden wir, wie bei manch anderen Erkrankungen auch, eine akute und eine chronische Entzündungsform.
Die *akute Form* setzt mit hohem Fieber, Mattigkeit und mangelndem Appetit ein.Durch die geschwollenen, teilweise deutlich sichtbaren Mandeln kommt es zu Schluckbeschwerden. Das Futter, vor allem jetzt Hartfutter, wird kaum oder gar nicht mehr aufgenommen. Der Hals zeigt sich beim Abtasten druckempfindlich. Röchelnde Atmung und ein gedämpftes, heiseres Bellen sind deutliche Symptome dieser Erkrankung. Auch Husten, zum Teil mit Brechreiz verbunden, ist ein weiteres lästiges Begleitsymptom. .
Bei der *chronischen Erkrankung* zeigen sich die Symptome weniger ausgeprägt. Das Risiko hierbei ist, daß sich dieser Zustand über längere Zeit hinziehen kann, ohne daß der Besitzer dies bemerkt.

Wie auch beim Menschen können über längere Zeit entzündete Mandeln ursächlich sein für Herz- und Nierenerkrankungen und sogar zum Gelenkrheumatismus führen.

Ursachen

Außer Viren können auch ganz profane Schmutz- und Eitererreger unter gewissen Voraussetzungen eine Tonsillitis hervorrufen. Zu diesen Voraussetzungen gehören in erster Linie Durchzug, Nässe, Unterkühlung oder Überhitzung, aber auch häufiges Schneefressen begünstigt das Geschehen. Denken Sie auch als radfahrender Hundebesitzer daran, daß Ihr Tier bei kaltem Wetter während des Laufens einen ständigen kalten Luftstrom einatmet, durch den die Mandeln ebenfalls über Gebühr strapaziert werden und sich entzünden können. Also bei solchem Wetter nach Möglichkeit bitte auf „Schusters Rappen“ umsteigen, also zu Fuß spazierengehen.

Therapiemöglichkeiten

Allgemein:

- Feuchtkalte Halswickel werden bei chronischer Tonsillitis verwendet, die nach Durchwärmung durch trockene Wollwickel ersetzt werden.
- Leinsamenpackungen als Halswickel werden bei akuter Mandelentzündung genommen, und zwar so warm, wie der Hund es zuläßt.

Homöopathisch:

- *Echinacea D 6* im Wechsel mit *Barium muriaticum D 6:* zur Steigerung der körpereigenen Abwehrkraft
- *Lachesis D 8:* bei Fieber, Abgeschlagenheit
- *Apis D 4:* bei Schluckbeschwerden, Futterverweigerung
- *Belladonna D 4* im Wechsel mit *Mercurius solubilis D 6:* zu Beginn der Erkrankung
- *Hepar sulfuris D 6:* bei chronischer Erkrankung
- *Arsenicum jodatum D 4:* bei chronischer Erkrankung und Abszeßbildung

Pharmazeutisch:
- *Metavirulent:* zur Steigerung der körpereigenen Abwehr
- *Esberitox N:* dto.
- *Tonsilla compositum:* zur Anregung der Lymphtätigkeit
- *Angin-Heel:* Komplexmittel
- *Tonsilgon:* dto
- *Salviathymol:* dto.

Entzündung der Bronchialschleimhaut (Bronchitis)

Stellen Sie sich das Innenleben der Lunge wie einen Baum vor. Von der Gabelung der Luftröhre an gehen zunächst sogenannte Bronchialstämme ab, die sich weiterverzeigen in kleine Nebenkanäle, von denen wiederum kleinste Seitenäste abgehen. Schließlich sitzen an den kleinsten Aufzweigungen unzählbare feine Bläschen, ähnlich den Beeren einer Weintraube.
Diese Ästchen werden *Bronchien* genannt und sind innen von einer drüsenreichen Schleimhaut überzogen, deren Entzündung der Mensch als Bronchialkatarrh oder Bronchitis bezeichnet.

Symptome

Bei einer Bronchitis zeigt sich anfangs eine gewisse Abgeschlagenheit sowie ein rauher, trockener und quälender Husten bei mäßig erhöhter Temperatur. Eventuell tritt ein Nasenausfluß auf, muß aber nicht sein.
Eine Bronchitis geht meist einher mit einer Halsmandelentzündung, einer Folgeerkrankung von Erkältung und Infektion. Durch die Entzündung der Bronchialschleimhaut, die stets mit einer stärkeren Schleimabsonderung verbunden ist, kommt es zu Rasselgeräuschen in der Brust.
Eine nicht behandelte oder schlecht auskurierte Bronchitis kann chronisch werden, wobei nach anfänglicher Besserung wieder Hustenanfälle auftreten, vorzugsweise morgens nach dem Aufstehen oder bei Belastung.

Ursachen

Diese können eine Erkältung oder eine allgemeine Infektion sein. Setzen Sie Ihr Tier nie der Zugluft, aus, denn diese ist das größte Gift und führt allzu häufig zu einer Bronchitis. Aber auch allergische Reaktionen, z. B. auf Staub oder Schimmelpilze, sowie die Aufnahme von Fremdkörpern, z. B. Grannen oder Gräser, sind mögliche Ursachen.

Therapiemöglichkeiten

Allgemein:
Warme Brust- und Halswickel mit Heublumenextrakt, Heilerde oder Senf sowie Huflattichtinktur.

Homöopathisch:
- *Belladonna D 4:* bei trockenem Husten
- *Ammonium jodatum D 4:* bei schlecht lösendem Schleim, rasselnden Atemgeräusche, Schwäche
- *Ipecacuanha D 6:* bei krampfartigem Husten, der Brechreiz auslöst
- *Echinacea D 6:* zur Steigerung der körpereigenen Abwehrkraft
- *Aconitum D 4/D 6:* bei Abgeschlagenheit, beginnender Erkrankung, leichtem Fieber
- *Bryonia D 6:* bei rauhem, schmerzhaftem Atmen und Husten
- *Phosphorus D 8:* bei rauhem, schmerzhaftem Husten, teilweise leicht blutigem Sekret
- *Tatarus emeticus D 4:* bei Abgeschlagenheit, starkem Rasseln, Fieber
- *Antimonium crudum D 4:* bei Fieber, starkem Husten
- *Kalium nitricum D 3:* bei chronischer Bronchitis, Kurzatmigkeit, Herz-Kreislauf-Schwäche
- *Arsenicum jodatum D 4:* bei chronischer Bronchitis
- *Hepar sulfuris D 6:* dto.
- *Stannum D 8:* dto, starke Abgeschlagenheit

Phytotherapeutisch:
Inhalation mit Fichtennadelöl, Wacholderöl, Eukalyptusöl, kombinierten Kräuterölen oder Heublumen.

Teemischungen:
- Fenchel, Huflattichblätter, Anis
- Kamille, Thymian, Spitzwegerich

jeweils 1 gehäufter Eßlöffel auf 1/2 l Wasser.

Schleimlösender und beruhigender Sirup, selbstgemacht:
1 mittelgroße Zwiebel kleinhacken, mit 3 Teelöffeln Zucker vermengen und in einem kleinen, verschließbaren Gefäß 1 Stunde ziehen lassen.
Den Sirup in eine Tasse abgießen und den gesamten Sirup über den Tag verteilt teelöffelweise dem Hund verabreichen. Der Sirup schmeckt nicht nach Zwiebel, sondern ist süß und bereitet dem Hund keinen Ekel.

Pharmazeutisch:
- *Bronchovetsan*
- *Bronchialis-Heel*
- *Bronchi-Plantago-Heel*
- *Husten- und Bronchialtee*
- *Mucokehl-Tropfen*

Lungenentzündung (Pneumonie)

Für eine Lungenentzündung gibt es keine Altersgrenze. Sie entwickelt sich häufig aus einer vorangegangenen Bronchitis, durch die die Widerstandskraft des Organismus herabgesetzt ist. So können sich die Krankheitserreger explosionsartig vermehren und ihr zerstörendes Werk beginnen. Jüngere Hunde, deren Immunsystem noch unzureichend ausgebildet ist, und ältere Tiere, deren Immunsystem eben nicht mehr das jüngste ist, sind besonders empfänglich für diese Erkrankung.
Zunächst ist nur ein relativ kleiner Teil der Lunge betroffen. Über das Kanalnetz des Bronchialbaums gelangen die Entzündungsprodukte allmählich auch in andere Lungenbereiche. Durch eine Verschmelzung dieser Herde dehnt sich der Krankheitsprozeß weiter auf die anderen Lungenbezirke aus. Bei einer Heilung werden die Entzündungsprodukte abgehustet oder vom

Organismus zurückresorbiert. Manchmal lagern sie sich jedoch auch in das Bindegewebe der Lunge ein und vernarben dort, ein höchst unerwünschter Prozeß, denn durch die Vernarbung nimmt der betroffene Lungenabschnitt nicht mehr an der aktiven Atmung teil.

Symptome

Eine Lungenentzündung tritt plötzlich und unverhofft auf, fast immer begleitet von hohem Fieber, Kurzatmigkeit und Husten. Kennzeichnend ist auch eine auffallende Schwäche und das Aufblähen der Backen beim Ausatmen. Ein Hund in diesem Zustand wird kaum den gewohnten gesunden Hunger zeigen, sondern appetitlos sein.

Ursachen

Als Hauptursache wird eine Bronchitis angesehen, wobei hier zusätzlich Nasenausfluß und schleimig-eitriger Auswurf erkennbar ist. Aber auch Pilze, Viren und Parasiten sowie eine gewisse Anfälligkeit durch schlechte Haltung und Ernährung können ursächlich sein.

Therapiemöglichkeiten

Homöopathisch:

- *Veratrum album D 4:* bei Krankheitsbeginn
- *Sulfur D 6:* bei beginnender Genesung
- *Belladonna D 4:* bei Fieber, starkem Hecheln
- *Bryonia D 6:* bei trockenem Husten, Abgeschlagenheit, trockenen Schleimhäuten
- *Echinacea D 6:* zur Steigerung der körpereigenen Abwehrkraft
- *Phosphorus D 6:* bei heftigem Krankheitsverlauf, trockenem, heftigem Husten

Phytotherapeutisch:
Inhalationen mit Fenchel-, Wacholder-, Eukalyptus- oder sonstigen Inhalationsölen.

Pharmazeutisch:
- *Echinacea comp.:* zur Steigerung der körpereigenen Abwehr
- *Belladonna Homaccord:* bei Fieber, Abgeschlagenheit
- *Gripp-Heel:* Kombinationspräparat bei Fieber, Abgeschlagenheit, zur Stärkung der körpereigenen Abwehr
- *Tartephedrel:* bei Husten, zähem Schleim

Erkrankungen der Haut

Die Haut ist eines der größten Organe des menschlichen und des tierischen Körpers. Sie hat eine Vielzahl von Aufgaben und Funktionen. In erster Linie schützt sie den gesamten Organismus vor äußeren Einflüssen, z. B.vor mechanischen Einwirkungen, Krankheitserregern und Strahlen. Rund um die Uhr ist sie im Einsatz, um Talg und Schweiß abzusondern, Vitamin D zu bilden, als Temperaturregler und vor allem auch als Sinnesorgan zu fungieren. Eine regelmäßige Pflege durch den Hundebesitzer ist bei allen Hunderassen, vor allem auch bei langhaarigen Tieren angesagt.
Aus der Funktionenvielfalt ergeben sich nun auch eine Menge von Möglichkeiten, den geregelten Ablauf so zu stören, daß es nachfolgend zu Erkrankungen dieses wichtigen Organs kommt.

Haarausfall (Alopezie)

Zweimal im Jahr tritt bei den meisten unserer Hunde ein mehr oder weniger heftiger Haarausfall auf. Dieser ist jedoch in der Regel physiologisch und nicht pathologisch, da er einfach jahreszeitlich bedingt ist.
Ein gesunder Hund paßt sich mit seinem Haarkleid den Temperatur- und Witterungsgegebenheiten an, indem er zum Winter hin sein sommerlich „dünnes Haarkleid“ mit etwas mehr Unterwolle „auffüttert“, um gegen Kälte, Regen und Schnee geschützt zu sein. Im Frühjahr hingegen wird der natürliche „Pelzmantel“ abgestoßen. Dieser Vorgang ist nicht immer zur Freude

der Hausfrau bzw. des Hausmanns, die während diesen Zeiten, je nach Rasse natürlich, mehr oder weniger Hundehaare aus Polstern und Teppich zu entfernen haben.
Anders geartet ist dieser Vorgang jedoch bei der Alopezie, einem krankhaft bedingten Haarausfall.

Symptome

Anfangs werden Sie eine schwindende Haardichte feststellen. Es werden nicht nur die alten und überflüssigen Haare abgestoßen, sondern bei dieser Erkrankung kann der dauernde Ausfall zum Verlust des kompletten Haarkleids führen. Ist dies nicht der Fall, so können die Haare flächenförmig abbrechen.

Ursachen

Vielerorts ist der Haarausfall auf eine massive Stoffwechselstörung und/oder organische Erkrankung zurückzuführen. Zu wenig Bewegung bei Verabreichung von gehaltvollem Futter lassen Ihren Vierbeiner zwar gedeihen, leider jedoch nur in die Breite. Der Stoffwechsel versackt regelrecht im Fett, und so ist es kein Wunder, daß sich der Organismus energisch dagegen zur Wehr setzt.
Je nach Fütterung tritt eventuell auch noch ein Vitamin-/Mineral- und/oder Spurenelementmangel auf. Bei der Hündin können auch hormonelle Störungen die Ursache bilden, wobei hier der Haarausfall meist im Bereich der Scham, der Oberschenkel und in der Lendengegend auftritt. Durchaus normal ist ein solcher Haarausfall jedoch bei der Hündin nach der Geburt und während der Säugeperiode!
Vergiftungen jeglicher Art und Infektionen belasten den Hundeorganismus natürlich ebenfalls sehr, so daß als Folge dieser Krankheiten Haare außerhalb der Zeit abgestoßen werden. Das Tier fühlt sich rundherum „nicht wohl in seiner Haut".
Parasitäre Ursachen, wie Hautpilz- oder Milbenbefall (Räude), kommen ebenfalls vor. Diese können jedoch labordiagnostisch festgestellt werden.

Therapiemöglichkeiten

Generell:
Vor Verabreichung eines der nachstehenden Mittel müssen Sie grundsätzlich ganz objektiv versuchen, die Ursache des Haarausfalls zu ergründen. Gehen Sie ruhig mit sich zu Rate, ob Sie sich einen Fütterungs- und/oder Haltungsfehler vorwerfen müssen, die Pflege vernachlässigt haben oder Kontakt mit einem kranken Tier hatten, das möglicherweise ungebetene Erreger und Parasiten unfreiwillig übermittelte. Eine Haar- und Hautuntersuchung ist hier sehr hilfreich, Ihre Mitarbeit dabei jedoch nicht zu unterschätzen.

Homöopathisch:
- *Thallium sulfuricum D 6:* bei Haarausfall
- *Selenium D 10:* Haarausfall, gerötete Haut, Ekzeme
- *Cutis suis D 8:* bei Hautfunktionsstörungen, Ekzemen, Haarausfall
- *Acidum phosphoricum:* bei Haarausfall, körperlicher Erschöpfung
- *Lycopodium D 30:* Abbrechen der Haare, bei bestehender Leber- und Nierenerkrankung
- *Sulfur D 30:* Abbrechen der Haare, trockene Haut
- *Sepia D 6:* Haarausfall bei hormonollen Störungen
- *Thuja D 6, D 12:* Hautreizungen, leichter, aber beständiger Haarausfall
- *Aristolochia D 15:* Haarausfall bei hormonoller Störung

Pharmazeutisch:
- *Ovarium compositum*
- *Hormeel S*
- *Cutis compositum*
- *Selenium Homaccord*
- *Schwörotox*
- *NeyPsorin (Nr. 5)*
- Vitaminpasten oder -tabletten
- Mineralien und Spurenelemente (Tabletten)
- Vitamin-H-Zusätze, z. B. *Mediotin, Murnil, Ungiotin*
- *Perenterol:* bei Darmstörungen

Allergie

Unter Allergie ist eine Hypersensibilität, d. h. Überempfindlichkeit des Organismus und seiner Abwehrkräfte zu verstehen, die es diesen bei bestimmten Reizen und körperfremden Erregern, sogenannten *Allergenen*, unmöglich machen, „normal" zu reagieren. Eine Allergie kann aus Veranlagung heraus oder auch nachträglich erworben werden.
Die Verwendung von Futter- und Wassergefäßen aus Porzellan oder Steingut statt der üblichen Plastikgefäße verhindern z. B. die Aufnahme von allergieauslösenden Stoffen. Auch die Liegedecke des Hundes kann allergische Reaktionen auslösen, z. B. wenn sie – wie meist üblich – Beimengungen von Kunstfasern usw. hat. Alle Metalle, wie Chrom- oder Nickelverbindungen, wie sie in Ketten, Halsbändern oder Futterschüsseln vorkommen, können bei entsprechender Disposition die Ursache darstellen.
Als bekannter Auslöser sind Ihnen wahrscheinlich Staub und Blütenpollen sowie alle Arten von Gräsern bekannt. Haar- und Raumsprays enthalten meist chemische Substanzen, die das ihrige zu einer heftigen Reaktion in Form einer Atemwegsallergie beitragen können, ebenso auch Räucherkerzen, Zigarren- und Zigarettenrauch.
Die Palette der allergieauslösenden Stoffe ist sehr groß. Daher ist es insbesondere beim Tier zum Teil sehr schwierig, die Ursache zu ergründen. Auf die Durchführung verschiedener Test, z. B. Bluttest, Allergietest, sollten Sie daher nicht verzichten.

Symptome

Ist Ihr Hund mit einer solchen Störung bzw. Indisposition der Abwehrkräfte geschlagen, so werden Sie je nach Auslöser diverse Symptome feststellen. In vielen Fällen rötet sich die Haut, und das Tier beginnt sich nachhaltig zu kratzen. Wird eine Zeitlang nicht darauf geachtet, kann es nachfolgend zu sogenannten sekundären Verletzungen kommen, d. h., das Tier kratzt sich regelrecht die Haut auf.
Hautschwellungen und eine flächige Rötung der Innenschenkel und des Bauches sind ein weiteres Symptom. Schwellungen vor allem im Kopf-

bereich können bei jungen Hunden nach der Impfung vorkommen. Eine Bindehautentzündung muß nicht immer durch Zugluft entstehen, sondern kann auch als Reaktion z. B. auf Gräser oder Blütenpollen auftreten. Bei Husten und klarem Nasenausfluß muß man sowohl eine Infektionskrankheit als auch eine Allergie mit in Betracht ziehen, vor allem dann, wenn eine solche allergische Reaktion erstmals auftritt.
In verschiedenen Fällen hat man zudem auch Durchfall beobachtet, wenn eine allergische Reaktion auf ein verabreichtes Futtermittel einsetzt.

Ursachen

In den letzten Jahren haben sich die allergischen Reaktionen auf Futtermittel, gleichwohl welcher Marke und Zubereitung, gehäuft. Die Tiere verkraften das Angebot an Inhaltsstoffen nicht. Auslöser sind vor allem entsprechende Konservierungs- und Farbstoffe, die von der körpereigenen Abwehr heftigst ablehnt werden. Auch Kontaktallergien, wie sie z. B. durch Flohhalsbänder, Metallverbindungen und Holzschutzmittel (z. B. bei der Hundehütte) begünstigt werden, kommen recht oft vor.
Flöhe, die in den Sommermonaten besonders häufig und springfreudig sind, bringen durch ihren Biß Sekret in den Blutkreislauf des Hundes und lösen eine Abwehrreaktion aus. Auch Medikamente, die ja eigentlich verabreicht werden, um ein Leiden zu beseitigen, können aufgrund irgendeiner Substanz eine solche Reaktion auslösen.
Nicht zuletzt sind auch Stoffwechselstörungen zu nennen, die an irgendeiner Stelle im Organismus den geregelten Ablauf durcheinanderbringen und in ihrem Zusammenwirken mit anderen Komponenten ebenfalls die körpereigene Abwehr zur übersteigerten Reaktion zwingen.

Therapiemöglichkeiten

Homöopathisch:

- *Sulfur D 6/D 12:* Grundmittel
- *Cutis suis D 8:* bei Hautschädigungen, eitrigen Pusteln
- *Acidum formicidum D 12:* bei geröteter, juckender Haut, Unruhe

- *Pulsatilla D 12:* Allergie nach Hormonbehandlungen
- *Thuja D 6:* bei allergischen Reaktionen nach Impfungen und zur Prophylaxe vor Impfungen
- *Acidum arsenicosum D 30:* bei starkem Juckreiz, aufplatzenden eitrigen Pusteln, Erschöpfung
- *Apis D 6:* Allergie nach Insektenstichen
- *Histaminicum D 30:* bei chronischer Allergie
- *Urtica urens D 4:* bei starkem Juckreiz, akuter Allergie
- *Arsenicum D 30:* bei starkem Juckreiz, geröteter Haut
- *Cardiospermum D 6:* bei Kontaktallergie

Pharmazeutisch:
- *Formidium*
- *Cutis compositum*
- *Mucosa compositum:* bei Schleimhautreizungen (Augen, Nase, Rachen)
- *Mezerum Homaccord*
- *Schwörotox*
- *Esberitox*
- *NeyImmun (Nr. 73)*
- *Cardispermum-Salbe*
- *Teebaumöl* (äußerlich anzuwenden)
- *Echinacea-Salbe*
- *Hylak forte:* zur Darmsanierung
- *Perenterol:* dto.
- *Symbioflor:* dto.
- *Hi-Fit:* dto. (über den Zoofachhandel erhältlich)

Diät:
Bei Futtermittelallergien besteht die Möglichkeit, auf Diät-Fertigfutter zurückzugreifen. Vorzugsweise können Sie das Diätfutter auch selbst zubereiten. Siehe hierzu Anhang „Diätempfehlungen".

Hautausschlag (Ekzeme)

Ekzeme treten ähnlich der Allergie aufgrund vielschichtiger Ursachen auf. Sie gehören zu den nicht ansteckenden Hauterkrankungen des Hundes. Man versteht darunter eine besonders geartete Entzündung der Haut, die sowohl akut als auch chronisch verlaufen kann. In den meisten Fällen sind sie jedoch mit einem mehr oder weniger starken Juckreiz verbunden.

Symptome

Auffällig sind beim trockenen Ekzem die schuppige, zum Teil rissige und vor allem trockene Haut. Ertappen Sie Ihren Hund beim ständigen Kratzen, gehen Sie ruhig der Sache auf den Grund. Bei langhaarigen Hunden gestaltet sich eine Untersuchung zwar etwas schwieriger als beim kurzhaarigen, aber auch dort können Sie die eben erwähnten Symptome unschwer feststellen.
Achten Sie auch darauf, ob sie eine Pustel- oder Knötchenbildung oder Hautschrunden feststellen können. Ebenso können Sie mit bloßem Auge und durch einen Griff in das Fell feststellen, ob dieses stumpf oder fettig wirkt. Bei Haarausfall stellt sich die Frage, ob sich der Hund das Fell wegen des andauernden Juckreizes wegkratzt oder die Haare aufgrund einer Alopezie (siehe dort) ausgehen.
Beim Abtasten der Haut können sie ferner mögliche Hautverdickungen feststellen und möglicherweise den Beginn von nässenden Hautveränderungen.

Ursachen

Allergien, Ungezieferbefall, z. B. durch Flöhe und Impfreaktionen können die Ursache sein.
Als Auslöser kommen aber auch in Form eines Kontaktekzems z. B. Reinigungsmittel, Metall- oder Lederhalsbänder in Frage. Die Haut reagiert auch als äußeres Zeichen mit einem Ekzem auf Vitaminmangel, Stoffwechselstörungen und unverträgliche Konservierungsstoffe im Futter.

Nicht alles jedoch ist auf solche Einflüsse zurückzuführen. Es gibt noch ganz profane Dinge, wie z. B. das Eindringen von Fremdkörpern unter die Haut. Hier sind vor allem Dornen gemeint, die sich das Tier unwillkürlich durch den Streifzug im Brombeergebüsch oder ähnlich stacheligen Gewächsen holt und die eine Zeitlang erst einmal unerkannt im dichten Fell und unter der Haut verschwinden, bis es dann zu einer sichtbaren Reaktion kommt.,

Verschiedene Rassen sind für Ekzeme nahezu prädestiniert, so z. B. der Shar-Pei oder die drahthaarigen Hunde. Über- bzw. Unterernährung sowie Organerkrankungen gleich welcher Genese tragen das ihrige dazu bei, aufgrund der Fehlleistungen über die Haut ein Signal zu setzen, daß hier etwas aus dem Ruder läuft.

Und nicht zu unterschätzen ist die Fellpflege Ihres Tieres, die bitte nicht so zu verstehen ist, daß Sie Ihr Tier mindestens einmal die Woche baden. Häufiges Baden aus falsch verstandener Hygiene und die Verwendung ungeeigneter Shampoos reizen die Haut und machen sie empfänglich für Erreger jeglicher Art.

Therapiemöglichkeiten

Homöopathisch:

- *Sulfur D 12:* chronisches, trockenes Ekzem, schuppige, gerötete Haut, Juckreiz
- *Graphites D 8/D 12:* wie vorstehend, schrundige Haut, Hautverdickung
- *Petroleum D 12:* trockene, rissige Haut, z. B. Lefzen, Nasenspiegel, Ballen
- *Graphites D 30:* nässende Ekzeme, schrundige Haut, Borkenbildung, hauptsächlich Ohren, Augen, Schenkelinnenseite.
- *Aristolochie clematitis D 15:* bei Hormonstörungen
- *Pulsatilla D 30:* überwiegend weibliche Tiere, Haarausfall, Juckreiz, chronisches trockenes Ekzem
- *Sepia D 12:* dto
- *Mezerum D 4:* bei nässendem Ekzem, Pustelbildung
- *Chelidonium D 6:* bei trockenem Ekzem, hervorgerufen durch die Störung des Stoffwechsels im Bereich Leber/Galle

- *Cardius marianus D 4:* wie Chelidonum
- *Arsenicum album D 6:* bei Hautjucken, nässendem Ekzem, aufgrund einer Stoffwechselstörung im Bereich Niere/Leber
- *Berberis D 4:* bei nässendem Ekzem durch Nierenerkrankung
- *Sarsaparilla D 6:* dto.
- *Acidum nitrum D 8:* wenn die Schleimhäute betroffen sind
- *Apis mellificica D 6:* bei nässendem Ekzem, starkem Juckreiz, beginnender Pustelbildung
- *Viola tricolor D 3:* starke, lange verbleibende Krusten
- *Lycopodium D 30:* bei chronischen Fällen

Pharmazeutisch:
- *Graphites Homaccord:* bei trockenem Ekzem
- *Schwef-Heel:* dto.
- *Traumeel:* bei nässendem Ekzem
- *Hepar compositium:* bei Stoffwechselstörung der Leber
- *Lymphomyosot:* bei Stoffwechselstörung der Nieren
- *Cutis compositum:* als Konstitutionsmittel
- *Petroleum-Injeel:* bei nässendem Ekzem
- *Mercurius-Heel:* bei Furunkel, Karbunkel
- *Cefabene:* allgemein
- *NeyPsorin (Nr. 5):* allgemeine Hauterkrankung
- *Legalon:* zur Unterstützung der Regeneration und Funktion der Leber und damit des Stoffwechsels
- *Tannolact Lotio:* juckreizstillend, adstringierend, entzündungshemmend
- Vitaminpasten
- Vitamin-E-Kapseln
- Vitamin-H-Kapseln: z. B. in *Mediotin* oder *Ungiotin* enthalten

Phytotherapeutisch:
- Stoffwechseltees
- Leinöl zum Betupfen und anschließendem Ablösen der Krusten, dann pudern mit Kartoffelmehl

Salben:
Zinksalbe, Calendulasalbe, Echinaceasalbe, harnstoffhaltige Salben, z. B. *ureata*

Teebaumöl oder Hypericumöl bei starkem Juckreiz
Zur Desinfektion: KodanSpray oder 3%ige Wasserstoffsuperoxidlösung

Zusätzliche Maßnahmen:
Wie vorstehend beschrieben, sind auch Stoffwechselstörungen eine Ursache für ein Ekzem. Beachten Sie daher bitte, daß nicht nur von außen gesalbt und geschmiert wird, sondern daß auch eine Reinigung von Gift- und Schlackenstoffen aus „dem Inneren“ kommen muß.
Gönnen Sie Ihrem Tier einmal eine 1- bis 3tägige Fastenkur, damit der Darm Gelegenheit hat, alle alten Hinterlassenschaften auszuscheiden und somit auch wieder empfänglich wird für das ordnungsgemäße Aufspalten und Resorbieren von Nahrungsbestandteilen.
Dies bedeutet, daß Sie Ihrem Tier auf alle Fälle mehr Rohkost und weniger Fleisch füttern sollten.
Bei übergewichtigen Hunden ist hierbei konsequent das Gewicht zu reduzieren (siehe hierzu Anhang Diät bei Hauterkrankungen)
Eine ganz wichtige Grundregel sollten Sie sich merken:

Trockene Ekzeme sind mit Salben zu behandeln, nässende Ekzeme mit Tinkturen.

Erkrankungen durch Endoparasiten

Als Endoparasiten werden die Lebewesen bezeichnet, die die inneren Organe befallen und dort bei Nichtbehandlung teilweise erheblichen Schaden anrichten können.

Am bekanntesten sind wohl jedem Hundebesitzer die Band-, Spul-, Haken- und Saugwürmer. Jeder Hund wird im Verlauf seines Lebens zwangsläufig mit einem oder mehreren dieser Schmarotzer Bekanntschaft machen. Von den genannten Wurmarten kommen meistens nicht alle zugleich bei einem Hund vor. So sind die Spulwürmer in der Regel eher beim Junghund zu finden, der Bandwurm hingegen ist vorwiegend eine Erkrankung des erwachsenen Hundes. Allerdings können durchaus verschiedene Umstände dazu führen, daß die eine oder andere Wurmart sich auch entgegen den Lehrbüchern den alten bzw. den jungen Hund aussucht. Schlechte Haltungsbedingungen, entsprechende Fütterung sowie keine, eine unregelmäßig oder unsachgemäß durchgeführte Wurmkur leisten einem Wurmbefall natürlich Vorschub.

Daher sollte ein Hundebesitzer sich darüber klar sein, daß nicht nur der „Straßenköter und Streuner“ diese Parasiten mit sich herumträgt und ständig ausscheidet, sondern daß auch sein sorgsam gehütetes und gepflegtes Tier sich einem solchen Befall nicht entziehen kann. Es liegt allerdings auch in der Sorgfaltspflicht des Besitzers, diesen Befall so gering wie möglich zu halten.

Zu diesem Zweck sind in regelmäßigen Abständen und unter Berücksichtigung des Alters sowie des Zustands des Tieres Wurmkuren mit geeigneten Mitteln durchzuführen. Je nach verwendetem Präparat wird sich die Menge und Häufigkeit der Anwendung ändern.

Bandwürmer

Der Bandwurmbefall betrifft, wie schon erwähnt, vorwiegend erwachsene Hunde. Junghunde und Welpen erkranken weitaus seltener daran. Die Übertragung des Bandwurms geschieht nie direkt von einem Hund auf den anderen, sondern immer über einen *Zwischenwirt*. Der vor allem in Großstädten verbreitetste ist der Floh. Lebt der Hund jedoch auf dem Lande, oder gehen Sie mit ihm oft in ländlichem Gebiet spazieren, so kommen neben den Flöhen auch Haarlinge, Kaninchen, Feldhasen oder Rehe als Zwischenwirt in Betracht.

Selten werden die mikroskopisch kleinen Eier direkt mit dem Kot ausgeschieden. Meist gelangen sie in den Bandwurmgliedern verpackt an die Außenwelt. Diese Glieder sind beweglich und können den Darm durch eine raupenartige Fortbewegung selbständig verlassen.

Wichtig ist zu wissen, daß sich diese Bandwurmglieder und somit auch ihr Inhalt in eingetrocknetem Zustand über lange Zeit lebensfähig erhalten können und somit natürlich auch ihre ansteckende Wirkung nicht verlieren.

Das Wurmei wird nach Auflösung des Glieds von der Flohlarve, die an die Aufnahme fester Nahrung gebunden ist, aufgenommen und entwickelt nun eine weitere Zwischenform, die *Finne*. Diese wird über die Flohlarve im zwischenzeitlich ausgewachsenen Floh weiter beherbergt.

Die Hunde versuchen natürlich, diese Plagegeister loszuwerden.Nicht selten wird ein zu langsamer Floh gefangen, zerbissen und abgeschluckt. Durch das Zerbeißen gelangen jetzt die Bandwurmeier in den Organismus des Hundes und reifen dort über einen längeren Zeitraum zu einem neuen Bandwurm heran.

Obwohl nun Bandwürmer, insbesondere der 3gliedrige Bandwurm, auch auf den Menschen übertragen werden können, besteht kein Grund zur Panik. Bei regelmäßiger Hygiene, die gleichermaßen beim Mensch und beim Hund vorkommen sollte (z. B. Hände waschen), ist diese Gefahr weitestgehend gebannt. Sollten Sie nun doch einmal aufgrund der Symptomatik (s. nachstehend) einen Verdacht auf einen solchen Befall haben, kann durch eine Kotuntersuchung sehr rasch festgestellt werden, ob und welche Art von Parasiten sich Ihren Hund als Domizil ausgesucht haben.

Symptome

Zumeist bereitet der Bandwurm seinem Wirt, dem Hund, keine Beschwerden. Erst bei stärkerem Befall kommt es zu Gewichtsverlust, Durchfall und Koliken wechseln sich ab. Der Hund versucht, dem Juckreiz durch die abgehenden Bandwurmglieder zu entgehen, indem er „Schlitten“ fährt, d. h., er versucht durch Rutschen auf dem Hinterteil, diese lästigen Mitbewohner auf dem guten Teppich loszuwerden.
Da die Bandwürmer ja zu den Schmarotzern zählen, bedeutet dies, daß mit der Zeit nach anfänglich gutem Appetit eine gewisse Appetitlosigkeit und nachfolgend eine Schwäche eintritt, da der Darm nunmehr die besten Teile der Nahrung dem Wurm überlassen muß und nicht mehr dem Organismus des Hundes zuführen kann. Die Folgen zeigen sich in struppigem, glanzlosem Fell und Abmagerung. Häufig erkennt man jetzt auf dem Kot reife Bandwurmglieder, die sich in der Größe eines Reiskorns zumeist noch bewegen. Auch im Bereich des Afters finden sich eingetrocknete Bandwurmglieder, ebenso wie auf dem Liegeplatz des Hundes.

Ursachen

Flöhe sind, wie oben schon angeführt, die am weitestverbreiteten „Zuträger“ für die Bandwurmkolonie. Aber auch in anderen Säugetieren, z. B. den uns bekannten Wildtieren, siedeln sich die Finnen in der Muskulatur oder in bestimmten Organen an. Wird nun das Reh zur Strecke gebracht, so gehört es durchaus zum Waidmannsbrauch, die Innereien an seinen Hund zu verfüttern. Hierbei können die Finnen übertragen werden. Ebenso bei Hausschlachtungen, wo der Hofhund sehnsüchtig darauf wartet, am Schlachtfest teilnehmen zu dürfen und dies auch tut.
Der Hund trägt nun in diesem Entwicklungskreislauf das seinige zur Weiterverbreitung bei, indem er seinen Kot auf den Grünflächen absetzt, die wiederum von Nutztieren abgeweidet werden.

Therapiemöglichkeiten

Homöopathisch:

- *Cuprum oxydatum nigrum D 4:* 3mal täglich 15 Tropfen oder 1 Tablette
- *China D 4:* bei Schwächezuständen

Pharmazeutisch:

- *Pusta*-Wurmdragees für Hunde
- *Canisan*-Wurmtabletten
- *Kamala*-Entwurmungspulver

Prophylaktische Maßnahmen:

- Jeweils 1mal täglich 10 gehackte Kürbiskerne ins Futter oder
- 1mal täglich 2–5 gehackte Knoblauchzehen ins Futter geben. Die Menge richtet sich nach der Größe des Hundes.

Spulwürmer

Bei Welpen und Junghunden sind diese Art von Würmern in erster Linie zu finden. Erwachsene Tiere hingegen besitzen eine gewisse Immunität und kommen daher weitaus seltener als Träger geschlechtsreifer Würmer in Betracht.

Auch die Spulwürmer siedeln sich in der Muskulatur und in verschiedenen Organen an, ohne daß anfänglich irgendwelche Beeinträchtigung des Tieres erfolgt.

Wichtig ist hier zu wissen, daß diese jugendlichen Stadien der Würmer z. B. bei der trächtigen Hündin im Verlauf der Tragezeit ihren Ruheposten verlassen und entweder passiv mit dem Blutstrom oder möglicherweise auch aktiv über den Nabelstrang in die heranwachsenden Embryos gelangen In den ersten 14 Tagen nach ihrer Geburt können sich die Welpen aber auch mit der aufgenommen Muttermilch infizieren oder aber beim Herumschnüffeln oder Belecken von Wurfgeschwistern und/oder der Mutter die Wurm-

eier aufnehmen. Ebenso, wenn die Welpen einer Instinkthandlung folgend (das Lager sauber zu halten) den Kot des Muttertiers fressen.
Spulwürmer sind aufgrund ihrer Beschaffenheit nicht mit anderen Darmschmarotzern zu verwechseln. Sie werden etwa 5–10 cm lang, haben eine langgestreckte Form, wobei das hintere Ende meist zu einer Spirale aufgerollt ist. Manch ein Hundebesitzer hat sich schon gewundert, daß sein Hund „Fadennudeln" ablegt, obwohl er doch vom Tisch nichts Derartiges erhalten hat.

Symptome

Ein geringer Spulwurmbefall löst in der Regel auch beim Junghund keine nennenswerten Beeinträchtigungen aus. Der Hundebesitzer wird, wenn er den Kot seines Hundes einmal näher betrachtet, gegebenenfalls sporadisch einen solchen Wurm darin finden oder den Kot gelegentlich zur Untersuchung bringen.
Eine stärkere Verwurmung fällt allerdings sehr wohl auf. Die Junghunde bleiben in ihrem Wachstum zurück, sind nicht mehr „im vollen Tatendrang" und magern trotz gutem Appetit ab. Dazu ist das Haarkleid struppig und glanzlos. Charakteristisch für verwurmte Welpen sind die aufgetriebenen Bäuchlein. Manchmal treten auch Durchfall und/oder Erbrechen auf. Im Erbrochenen finden sich gelegentlich auch ein oder mehrere Spulwürmer.
Krämpfe und Lähmungen können durch die von den Würmern abgesonderten Gifte auftreten, und die vagabundierenden Larven sind imstande, das empfindliche Lungengewebe zu schädigen und damit die Grundlage für eine Lungenentzündung zu schaffen. Nicht selten bleiben Junghunde, die einen derart heftigen Wurmbefall zeigen, auch nach erfolgreicher Entwurmung zeit ihres Lebens „Kümmerlinge" im wahrsten Sinne des Wortes.

Ursachen

Die geschlechtsreifen Würmer schmarotzen sich im Dünndarm ihres Wirts durch und entziehen diesem die wertvollsten Nährstoffe. Ferner reizen sie durch ihre giftigen Absonderungen das Gewebe. Da sie sich zudem fest an

die Darmschleimhaut anheften, verursachen sie bei stärkerem Befall Blutungen, kleine Geschwüre und Darmentzündungen.
Mangelnde Hygiene von Tier und Mensch gleichermaßen tragen dazu bei, daß die Übertragung „reibungslos" erfolgt, ebenso wie die Meinung mancher Hundebesitzer, daß „ihr" Hund niemals einen Wurm hat, obwohl er diese lustig und munter bei jedem Häufchen mit ausscheidet.

Therapiemöglichkeiten

Wie unter Bandwurmbefall aufgezeigt.

Hakenwürmer

Diese Art von Würmern kommt beim Hund weitaus seltener vor, kann jedoch Tiere jeglichen Alters befallen. Die Hakenwürmer klammern sich mit ihren häkchenförmigen Mundwerkzeugen in der Schleimhaut des Dünndarms fest, um Blut zu saugen. Dies bedeutet, daß ein starker Befall mit der Zeit durch den dauernden Blutentzug zu Blutarmut führt.

Symptome

Die Tiere magern trotz meist gutem Appetit allmählich ab. Das Fell ist glanzlos und richtiggehend struppig. Der Hund gleicht eher einem gerupften Hühnchen, denn einem stolzen Vertreter seiner Rasse(n). Junghunde bleiben zwangsläufig in ihrer Entwicklung zurück. Ein Befall mit nur wenigen dieser „Tierchen" stört das Allgemeinbefinden des Hundes hingegen in der Regel nicht. Der Befall kann auch nicht mit bloßem Auge festgestellt werden, sondern wird meist anläßlich einer routinemäßigen mikroskopischen Untersuchung „gesichtet". Eine Übertragung auf den Menschen ist im Gegensatz zum Bandwurm nicht zu befürchten.

Ursachen

Brutstätte und günstigste Entwicklungsmöglichkeiten finden die Hakenwürmer in feuchtem, fauligem oder gar modrigem Milieu. Die geschlüpften Larven werden vom Hund beim Schnüffeln auf dem Boden, beim Belecken von Gegenständen oder mit dem Futter aufgenommen. Auch direkt durch die Haut können die Larven eindringen

Therapiemöglichkeiten

Pharmazeutisch:
- *Canosan*-Wurmtabletten

Erkrankungen des Herz-Kreislauf-Systems

Das Herz ist im wahrsten Sinne des Wortes das „Herzstück" des gesamten Organismus. Ohne seine treibende und pumpende Kraft können die anderen Organe nicht existieren. Rein anatomisch gesehen besteht das Herz aus einem hohlen Muskel, der durch feste Scheidewände unterteilt wird in eine linke und eine rechte Herzhälfte und diese Hälften nochmals in sogenannte Vorhöfe und Kammern. Durch das wechselseitige Öffnen und Schließen von Vorhof und Kammern wird der Blutstrom in den großen Körperkreislauf gepumpt, um dort, nach Erfüllung seiner Aufgaben, über den rechten Vorhof und die rechte Herzkammer mit Hilfe des „kleinen Kreislaufs" wieder aufbereitet zu werden und den Ablauf von neuem zu beginnen.

Die genauen anatomischen und physiologischen Einzelheiten zu erklären, würde hier den Rahmen sprengen. Vergegenwärtigen Sie sich jedoch, daß das Herz der Schwerarbeiter Nr. 1 ist, der ohne jegliche Unterbrechung, ob bei Tag oder bei Nacht, ob in Ruhe oder in Anstrengung, seinen ihm auferlegten Arbeiten nachkommen muß.

Es liegt nahe, daß auch dieses Organ durch entsprechende Überbeanspruchung, Disposition und weitere Faktoren diesen „Dauerstreß" einfach nicht mehr bewältigen kann und zu streiken beginnt

Herzschwäche (Herzinsuffizienz)

Bei einem gesunden Tier ist das Herz ein äußerst anpassungsfähiges Organ, das die gestellten Anforderungen, z. B. bei erhöhter Beanspruchung bei Training, Trächtigkeit oder Geburt ohne Murren erfüllen kann. Aus eigener Erfahrung wissen Sie, daß Sie Ihre Muskeln, und das Herz ist ja schließlich auch ein solcher, durch ständige Übung kräftigen können. Windhunde oder überhaupt Laufhunde, die im Training sind, würden bei einer Untersuchung zeigen, daß sich ihr Herzmuskel gegenüber anderen Hunden wesentlich gestärkt, d. h. vergrößert hat.
Im Gegensatz zu diesem normalen Vorgang kann es jedoch zu einer Verdikkung oder Vergrößerung auch durch ein krankhaftes Geschehen kommen.

Symptome

Ihr ehemals flinker, lustiger und ausdauernder Vierbeiner fängt an, bereits nach kurzen Strecken schnell zu ermüden. Gepaart ist dies meist mit einer gewissen Kurzatmigkeit, die sich bis hin zur regelrechten Atemnot steigern kann. Insgesamt gesehen werden Sie einen regelrechten Leistungsabfall feststellen.

Ursachen

Die Ursachen für eine Herzschwäche können vielfältig sein. Übermäßige bzw. dauernde körperliche Anstrengungen ohne Ruhepause, z. B. bei Hetzjagden, können ein Auslöser sein, insbesondere dann, wenn das Tier möglicherweise noch an einer fieberhaften Erkrankung leidet. Eine Herzschwäche ist sehr häufig die Folgeerscheinung der meisten Infektionskrankheiten, da der Herzmuskel durch die Krankheitserreger oder deren Giftstoffe geschädigt wird.
Natürlich sind Stoffwechselerkrankungen, die einen Mangel an Kalzium und Selen mit sich bringen, sowie Übergewicht ebenfalls Auslöser für eine Herzschwäche.

Therapiemöglichkeiten

Homöopathisch:

- *Digitalis D 4:* bei Herzschwäche, Altersherz
- *Arnica D 4:* dto
- *Aurum D 4:* dto. und bei Altersherz

Kurmäßig jedes der Medikamente einzeln 4 Wochen lang verabreichen.

- *Crataegus-Tinktur D 3:* bei Altersherz, Leistungsabfall, nächtlicher Unruhe, Herzhusten
- *Cactus D 4:* zur Ergänzung zur Crataegus-Tinktur
- *Kalium carbonicum D 4:* bei Herzschwäche mit Ödemneigung, Altersherz, übergewichtigen Tieren
- *Strophantus D 4:* chronische Herzschwäche, unregelmäßiger Puls
- *Viscum album D 4:* bei Altersherz
- *Apis D 30:* bei Ödemen, Herzhusten, vergrößertem Bauchumfang

Herzrhythmusstörungen

Da das Herz ebenfalls einen Impuls benötigt, um seine Leistung zu erbringen, hat es einen sogenannten „Schrittmacher", fachmännisch ausgedrückt ist dies der Sinusknoten. Die Erregung läuft von diesem Knoten aus über den atrioventrikulären Knoten (im üblichen Sprachgebrauch auch AV-Knoten genannt) über weitere Stationen, die bewirken, daß die Erregung auf die Kammermuskulatur übertragen wird. Durch diesen Reiz wird nun das Herz aufgefordert, seine Arbeit zu beginnen. Diese Reizleitung dauert nur Bruchteile von Sekunden.
Beim Hund sollten Sie beachten, daß eine gewisse Unregelmäßigkeit im Herzrhythmus nicht als krankhaft anzusehen, sondern ganz normal ist. Beachtung müssen Herzrhythmusstörungen jedoch finden bei nachfolgenden Symptomen und Ursachen.

Symptome

Zeigt sich bei Ihrem Tier in der Bewegung deutlich erschwertes Atmen, und Sie kontrollieren kurzfristig den Herzschlag, indem Sie im Herzbereich die Hand auflegen, so werden Sie eine deutlich abweichende, unregelmäßige Herzschlagfolge feststellen.

Ursachen

Bitte achten Sie bei Ihrem Vierbeiner insbesondere dann auf solche Symptome, wenn im Vorfeld z. B. eine Infektionskrankheit vorlag, die möglicherweise eine Herzmuskelentzündung zur Folge hatte. Störungen in der Erregungsbildung und der Erregungs-Reizleistung sind ebenfalls für Herzrhythmusstörungen verantwortlich zu machen. Sie können zum einen durch eine entsprechende Disposition entstehen, andererseits aber auch nachträglich erworben sein.

Therapiemöglichkeiten

Homöopathisch:

- *Convallaria D 3:* bei Herzrhythmusstörungen (auch akut auftretend), Kreis-laufschwäche, langsamem Puls, möglicher Atemnot
- *Aurum D 4:* bei Atemnot bei Bewegung, Mundschleimhaut stark durchblutet, Angst
- *Aurum D 30:* bei Atemnot bei Bewegung, übergewichtigen und älteren Tieren
- *Aconitum napellus D 30:* bei akuten Herzrhythmusstörungen, Schock

Phytotherapeutisch:

- *Gelsemium sempervirens* (Falscher Jasmin)
- *Crataegus oxyacantha* (Weißdorn)

Pharmazeutisch:

- *Diacard*

- *Miroton*
- *Adonis-Vernalis-Injeel*
- *Convallaria Spezial „Nestmann"*

Herzklappenschwäche/-fehler

Die einzelnen Vorhöfe und Kammern des Herzens werden durch sogenannte Herzklappen voneinander abgedichtet. Ziel und Zweck dieser Klappen ist es, den Blutstrom jeweils nur in einer Richtung durchzulassen und einen Rückstrom von der Kammer in den Vorhof zu vermeiden. Um diese Funktionen zu erfüllen und nicht umzuschlagen, sind die Herzklappen durch Sehnenfäden an der Herzwand befestigt. Liegen nun krankhafte Veränderungen vor, die entweder die Herzklappe(n) nicht mehr schließen lassen oder zu einer Verengung der Herzklappenöffnung führen, so sind diese in der Regel die Folge einer Entzündung der Herzinnenwand. Entzündungen treten vor allem an den Herzklappenrändern auf, da diese am meisten bei der Arbeit beansprucht sind.

Symptome

Herzklappenschwäche bzw. -fehler sind gekennzeichnet durch einen raschen Leistungsabfall, das Tier ermüdet sehr schnell. Blauverfärbte Schleimhäute, bei helleren Hunden deutlich an der Maulschleimhaut zu erkennen, sowie vereinzelt Husten nach übermäßiger Bewegung sind ebenso untrügliche Kennzeichen.
In der Nacht läßt das Tier Sie nicht schlafen, sondern wird unruhig durch die Wohnung wandern. Schweratmigkeit und gelegentlich auftretende Ohnmachten deuten auch auf eine defekte Herzklappe hin, und Schwächeanfälle treten vor allem bei schwül-warmem Wetter vermehrt auf.

Ursachen

Als Ursache für einen Defekt der Herzklappen kommen hauptsächlich in Betracht die dauernde Überanstrengung des Herzmuskels, Infektionskrankheiten und ihre Folgen (z. B. Staupe, Leptospirose), aber auch angeborene Herzklappenfehler.

Therapiemöglichkeiten

Homöopathisch:
- *Phosphorus D 12/D 16:* bei Atembeschwerden
- *Spigelia D 4:* bei Herzklappenschwäche, starkem Herzklopfen, nächtlicher Unruhe
- *Veratrum album D 4:* bei Kollaps, wetterbedingter Kreislaufschwäche
- *Naja tripudians D 30:* bei Schwäche, nachlassender Bewegungsfreude
- *Laurocerasus D 3:* bei nächtlicher Unruhe, Schwäche, bläulichen Schleimhäuten
- *Scilla maritima D 3:* bei Ödemen

Pharmazeutisch:
- *Cor compositum*
- *Convastabil*
- *Crataegus Pentarkan*

Durchblutungsstörungen (Arteriosklerose)

Bei einer Arteriosklerose ist der regelmäßige Blutstrom durch die Gefäße von Geweben und Organen vermindert. Das bedeutet, daß in einem solchen Fall keine ausreichende Versorgung mehr mit Sauerstoff sowie den notwendigen Nährstoffen erfolgen kann. Bei einer andauernden Verminderung kommt es durchaus zu Mangel- und Ausfallerscheinungen von Gewebe und Organen.

Symptome

Bei Ihrem Hund zeigen sich ebenso wie beim Menschen kalte, zumTeil sogar schmerzende Körperteile. Auch eine Taubheit der betroffenen Regionen kann auftreten. Deutlich wird es auch, wenn der Hund anfängt, zu taumeln und ein absonderliches Verhalten an den Tag zu legen, was die Durchblutungsstörung im Gehirn signalisiert.

Ursachen

Durchblutungsstörungen treten meist beim älteren Hund auf und sind auf ein Altersherz und/oder schwindende Elastizität der Arterien zurückzuführen. Mangelnde Elastizität bedeutet jedoch auch, daß Schlackenstoffe in den Arterien abgelagert werden, die zunehmend den Blutstrom in seinem Fluß hindern.
Störungen im Stoffwechsel, die einen erhöhten Cholesterinspiegel bedingen, sind ebenfalls ein wichtiger Auslöser. Durch den jetzt ständig mangelnden Druck kommt es schließlich zu venösen Stauungen, d. h., die Gefäßablagerungen behindern den ungestörten Durchfluß, das Blut „versackt".

Therapiemöglichkeiten

Homöopathisch:
- *Arnica D 6:* Altersherz, Durchblutungsstörungen, auch nach Verletzungen
- *Aesculus D 3:* bei Venenschwäche, heißen oder kalten Gliedmaßen
- *Gingko biloba D 1:* bei Durchblutungsstörungen der Gliedmaßen, besonders jedoch des Kopfes
- *Cerebrum compositum:* bei Durchblutungsstörungen des Kopfes
- *Opium D 6:* dto.
- *Glonoinum D 6:* dto.

Phytotherapeutisch:
- *Vinca minor* (Immergrün): bei Durchblutungsstörungen im Kopfbereich

- *Panax quinquefolius* (Amerikanischer Ginseng): Durchblutungsstörungen der Gliedmaßen, Leistungsabfall

Pharmazeutisch:
- *Antistax*-Tropfen
- Franzbranntwein-Gel
- *Aesculus Heel*
- *Aesculus Spezial „Nestmann"*
- *Rosska ven*-Tropfen
- *Arteria Heel*

Durchblutungsfördernde Maßnahmen:
- Bürstenmassagen
- warm–kalte Wechselbäder (Beine) mit Arnika- oder Rosmarinzusätzen
- Einreibungen mit Franzbranntwein oder Rosmarinspiritus
- Salbenbehandlung

Schock / Kollaps

Verschiedene Ursachen, wobei die äußeren Einflüsse überwiegen, können Auslöser für einen Schock sein. Hierunter versteht man ein akutes Kreislaufversagen, die Versorgung lebenswichtiger Organe erfolgt nur noch auf Sparflamme. Aus einer solch kritischen Situation heraus besteht die Gefahr, daß durch die Weitstellung der Blutgefäße in der Peripherie eine Minderdurchblutung des Gehirns erfolgt. Man spricht hier auch vom Stadium einer Gefäßkrise im Verlauf des Schocks.

Symptome

Die Symptomatik ist sowohl bei Schock als bei Kollaps dieselbe. Eindeutig kennzeichnen erweiterte Pupillen und blasse Schleimhäute diesen Zustand. Die Extremitäten sind kalt, und die Atmung ist schnell und flach. Der Hund ist nicht mehr in der Lage, seinen Urin- und Stuhlabgang zu kontrollieren. Die Tiere zeigen ein verstörtes Verhalten und können sich möglicherweise auch erbrechen. Der Zustand kann so schlimm werden, daß der Hund in Ohnmacht fällt.

Ursachen

Wie erwähnt, sind hauptsächlich äußere Einflüsse für derartige, teils lebensbedrohliche Zustände verantwortlich. Dazu zählen der Unfall, eventuell verbunden mit größerem Blutverlust, sowie die Folgen einer Vergiftung. Hat Ihr Hund eine Veranlagung zu allergischen Reaktionen, so kann z. B. ein Bienen- oder Wespenstich oder eben das entsprechende Allergen einen solchen Zustand auslösen. Auch starker Durchfall und/oder Erbrechen bringen durch den damit verbundenen Wasser- und Elektrolytverlust den Kreislauf zum Zusammenbruch, ebenso die Folgen eines Sonnenstichs.
Bitte denken Sie bei der Suche nach den Ursachen auch daran, daß Sie bzw. die Umwelt Ihrem Hund auch schwere seelische Erschütterungen beibringen können, die den Schockzustand mit allen Risiken auszulösen in der Lage sind.

Therapiemöglicheiten

Homöopathisch:

- *Carbo vegetabilis D 8:* kalte Gliedmaßen, blasse Schleimhäute
- *Arnica D 6:* dto sowie nach Unfall
- *Veratrum album D 6:* bei Vergiftungen, Durchfall, Erbrechen
- *Clonoinum D 4:* bei Wärmestau, Sonnenstich
- *Ammonium jodatum D 4:* bei flacher, rascher Atmung, kalten Extremitäten

Phytotherapeutisch:

- *Verbena officinalis* (Eisenkraut): verbliebene Schwäche nach Schock/ Kollaps
- *Valeriana officinalis* (Baldrian): dto.

Pharmazeutisch:

- *Diacard*
- *Crelonin*
- *Hypertonin*
- *Carbo compositum*
- *Aurumheel compositum*
- *Arnica Heel*
- Notfalltropfen Dr. Bach

Ergänzende Maßnahmen:
Massieren der Pfoten und Beine in Richtung Herz, Salmiak-Riechwasser

Erkrankungen durch äußere Einflüsse

Sonnenstich / Hitzschlag

Unter einem Sonnenstich versteht man eine massive Störung des Wärmehaushalts im Gehirn, hervorgerufen durch eine längere intensive Sonneneinstrahlung bei hohen Außentemperaturen.
Bei einem Hitzschlag hingegen wird das Gehirn und der übrige Organismus bereits durch den Anstieg der Körpertemperatur bei hohen Außentemperaturen geschädigt, wobei keine oder nur ungenügende Möglichkeiten zur Wärmeabgabe und somit zum Ausgleich vorliegen.
Bereits mit Beginn der wärmeren Tage und vor allem im Sommer gibt es leider immer wieder Hundebesitzer, die aus Gedankenlosigkeit oder weil sie die Temperaturen als nicht so warm empfinden, ihren Vierbciner bei hermetisch verschlossenen Autoscheiben und ohne Wasser über eine längere Zeit regelrecht „braten" lassen.

> Denken Sie während dieser Zeiten bitte ganz besonders daran, daß sich ein Auto in kürzester Zeit in der Sonne um ein Vielfaches der Außentemperatur aufheizen kann, und achten Sie deshalb auch auf den Sonnenstand bzw. den Sonnenlauf, wenn Sie Ihr Auto mit dem Hund „deponieren".

Symptome

Der Hund zeigt durch starkes Hecheln, Schwanken und Taumeln an, daß es jetzt höchste Zeit ist, ihn aus seinem unfreiwilligen Gefängnis zu befreien. Ist dies nicht der Fall, wird der Anstieg der Körpertemperatur zu hohem Fieber, das Tier fällt in Ohnmacht.

Ursachen

Starke Sonneneinwirkung und große Hitze sind die beiden Faktoren, die dem Tier das Leben kosten können. Denken Sie auch bitte daran, wenn Sie Ihren Hund in den wohlverdienten Sommerurlaub in den sonnigen Süden mitnehmen wollen, ob dies dem Tier wirklich zugemutet werden kann.

Therapiemöglichkeiten

Homöopathisch:
- *Arnica D 3*
- *Veratrum album D 6:* halbstündlich maximal 4 Tropfen auf die Zunge
- *Belladonna D 30*
- *Hypericum D 6*
- *Acydum hydrocyanicum D 4*

Pharmazeutisch:
- *Diacard*-Tropfen
- *Hypotonin*-Tropfen
- *Cactus Compositum*-Tropfen

Sofortmaßnahmen:
Den Hund umgehend ins Kühle bringen und vorsichtig feuchtkalte Tücher auf den Kopf legen. Reiben Sie auch den ganzen Körper mit feuchtkalten Tüchern ab. Da der Hund in einem solch desolaten Zustand nicht imstande ist, die notwendige Flüssigkeit selbst zu sich zu nehmen, sind Zunge und Lefzen ständig mit Wasser zu benetzen.
Kommen Sie aber bitte nicht auf die Idee, nach dem Motto „viel hilft viel“, und gießen Sie dem Tier einen Kübel kaltes Wasser über den Körper. Dadurch wird nicht der sukzessive Rückgang des Fiebers erreicht, sondern Sie „schocken“ ihren Hund im wahrsten Sinne des Wortes.

Meistens sind die genannten Medikamente vermutlich nicht zur Hand. Dann kann als Ersatz vorsichtig löffelweise eingegebener dünner Bohnenkaffee hilfreich sein, um den Kreislauf einigermaßen zu stützen. Auch Notfalltropfen von Dr. Bach und Riechwasser, wie z. B. Kampferspiritius oder Salmiak, tun hier die ersten Dienste.

Wunden

Die Behandlung kleinerer Wunden kann meist unproblematisch durchgeführt werden.
Große Risse und klaffende Wunden, die sofort genäht werden müssen, zählen hingegen nicht dazu.
An *erster Stelle* steht das Säubern der Wunde und das Entfernen der umliegenden Haare.
Das Reinigen der Wunde kann mit essigsauerer Tonerde (verdünnt) vorgenommen werden.
Eventuelle Blutungen sollten nicht gleich gestoppt werden, denn Blutungen wirken reinigend.
Zur anschließenden Blutungsstillung kann Eisen-III-Chlorid oder blutstillende Watte angewendet werden und/oder ein Druckverband erfolgen.

> Achtung: Sind Arterien und Venen verletzt, gilt der Grundsatz Bluten lassen nicht, da hier durch das ständige und starke Pulsieren ein zu großer Blutverlust auftritt. In einem solchen Fall sollten Sie einen Druckverband anlegen

.

Wundheilungsfördernd sind:
- *Echinacea*-Tinktur (1:10)
- *Calendula*-Tinktur (1:10)

Behandlungen mit Jod sind möglichst zu vermeiden (eine orale Aufnahme durch Wundlecken ist für den Hundemagen unverträglich). Um die Wundheilung zu beschleunigen, ist es sinnvoll, *Arnica D 4*-Tabletten zu verabrei chen.

Verbrennungen / Verbrühungen

Bei Verbrennungen oder Verbrühungen sind einige Grundregeln zu beachten, die helfen, die Folgen dieses Vorkommnisses zu minimieren und den heftigen Schmerz zu lindern:

- Verbrennungen und Verbrühungen jeglicher Art sind sofort einige Zeit mit kaltem Wasser zu übergießen.
- Umschläge mit *Echinacea*-Tinktur lindern und kühlen.
- Je nach Schwere der Verbrennungen sollte ein Fachmann die Behandlung weiterführen.
- Um Wundkrusten und Narben geschmeidig zu halten, iat *Kalantolöl A, Hypericum*-Öl oder normales Speiseöl zu verwenden.

Erkrankungen durch Infektionen

Einführung

Viele Krankheiten, deren Ursprung vom Behandler nicht eindeutig erkannt werden können, werden – oftmals aus Verlegenheit – mit einer „Viruserkrankung“ begründet. Denken Sie nur einmal an den „grippalen Infekt“, wobei hier Fieber und Abgeschlagenheit als Leitsymptome für die Diagnosestellung dienen und oft ganz außer acht gelassen wird, daß sich durchaus alle möglichen Krankheitsbilder hinter diesen beiden Symptomen verstekken können.
Auch ein Tierbehandler ist manchmal geneigt, sich zu dieser Aussage hinreißen zu lassen. Dabei sind Viren nicht geheimnisvoller als andere Krankheitserreger, bedingen jedoch zumeist langwierige bzw. aufwendige Untersuchungen, die nur in speziell dafür eingerichteten Labors vorgenommen werden können.
Vorbeugen ist auch hier die beste Möglichkeit, sich bzw. das Tier vor den allgegenwärtigen kleinen Schädlingen zu schützen; zum einen geschieht dies durch ausreichende Hygienemaßnahmen rund ums Tier, zum anderen durch Schutzimpfungen.
Eine neuerliche Gefahr vor allem bei den Hunden ist durch die Öffnung der Ostgrenzen entstanden. In verschiedenen Medien wurde berichtet, daß hauptsächlich Staupe und Parvovirose wieder „im Kommen sind“, da in den Ostländern kaum oder gar nicht die bei uns schon selbstverständlichen Impfungen durchgeführt würden. Viele der importierten Tiere leiden bereits an der einen oder anderen Krankheit bzw. sind Ausscheider, die bei Kauf bzw. Einfuhr nicht sofort erkannt werden kann.

Denn auch die Virusdiagnostik beim Hund hat trotz aller Tests noch ihre Tücken, da die Test nicht immer eine 100%ige Aussage ergeben.
Andererseits kann eine Impfung gegebenenfalls nicht den Schutz bieten, den man in der Regel voraussetzt; so sind z. B. Endoparasiten jeglicher Art geeignet, den Impfschutz zu mindern. Ebenso ist bei einer Verabreichung darauf zu achten, in welchen Abständen welche Impfungen durchzuführen sind. Impfungen gegen Tollwut, Leptospirose und Parvovirose müssen jährlich stattfinden, um einen kontinuierlichen Impfschutz aufzubauen, Staupe und Hepatitis hingegen können im 2-Jahres-Abstand geimpft werden. Bei Zwingerhusten kann regelmäßig geimpft werden, vor allem bei häufigem Besuch von Ausstellungen oder Hundeplätzen; diese Impfung ist jedoch nicht zwingend vorgeschrieben.
Diese Vorgehensweise ist dadurch begründet, daß Hunde an manchen Infektionen nur einmal erkranken, an anderen hingegen mit schöner Regelmäßigkeit. Für beide Beobachtungen gibt es immunologische Erklärungen.
Wenn z. B. eine gegen Tollwut geimpfte Hündin einen Wurf säugt, so überträgt sie mit ihrer Milch Antikörper, die den Welpen während der ersten Lebenswochen einen Schutz gegen die Infektion verleihen. Diese passive Immunität (die Welpen müssen nicht ihren eigenen Immunapparat bemühen) geht allmählich in eine „aktive" Immunität über. Aktiv ist eine Immunität immer dann, wenn die Lymphozyten durch einen körperfremden Stoff zur Immunreaktion aufgerufen werden. Ein 2. Kontakt mit dem entsprechenden Virus erzeugt eine ungleich kräftigere Immunantwort. Dies ist nun der Grund, weshalb Hundewelpen nach einigen Wochen mit denselben Vakzinen nachgeimpft werden.

Staupe

Die Staupe war lange Zeit die Virusinfektion des Hundes schlechthin, das Krankheitsbild ist gar seit mehr als 2 Jahrhunderten bekannt. Die Bedeutung der Staupe ist seit Einführung der Impfung weitestgehend zurückgegangen, mehrt sich jedoch seit Öffnung der Ostgrenzen wieder deutlich durch Einschleppung neuer Virenstämme. Der bisherige Impfstoff ist nicht mehr ausreichend und muß durch eine entsprechende Serumänderung angepaßt werden.

Allgemeines

Die Staupe ist eine akute bis subakute systemische Viruserkrankung, die weltweit mit hoher Sterblichkeit beim Hund und anderen Fleischfressern beobachtet wird. Neurologische Erscheinungen gehören mit zum Krankheitsbild. Die Staupe kommt praktisch in allen Ländem vor mit Ausnahme von Afrika.Das Staupevirus ist dem Masernvirus ähnlich.
Es gibt keine Altersresistenz, d. h., die Erkrankung kann in allen Altersstufen auftreten, wobei Junghunde besonders empfänglich sind.
Es ist ausschließlich die vorangegangene Auseinandersetzung des Immunsystems mit dem Virus, welche in der Folge zur Infektionsresistenz führt.
Eine Übertragung erfolgt durch Tröpfcheninfektion, wobei das Virus nur über kurze Entfernungen transportiert wird. Die meisten Infektionen erfolgen direkt von Tier zu Tier.
Normalerweise werden heute die Welpen im Alter von 12 Wochen erstmals geimpft.

Wichtige Merkmale der Staupe

- Das „Staupegebiß" ist ein Schmelzdefekt an den Zähnen der heranwachsenden Welpen und wird bei Befall eines solchen Tieres mit dem Staupevirus regelmäßig beobachtet; kennzeichnend ist eine bräunliche Verfärbung der Zähne.
- Die Inkubationszeit beträgt 1 Woche, kann aber auch 4 Wochen oder länger dauern. Man unterscheidet hierbei die katarrhalische von der nervösen Staupe.
- Wie bei fast allen Virusinfektionen tritt auch bei Staupe nach 3–6 Tagen erstmals Fieber auf, das jedoch meist unerkannt bleibt. Erst der 2. Fieberschub fällt normalerweise dem Hundebesitzer auf, da er von einem heftigen Nasenausfluß begleitet wird.
- Ein Leitsymptom für die Staupe ist das „Tröpfchen" an der Nase, ohne daß diese naß ist.

- Da Fieber in der Regel immer mit einer gewissen Appetitlosigkeit gepaart ist, wird der Hundebesitzer spätestens jetzt daran erinnert, daß irgend etwas mit dem Tier nicht stimmt.
- Ein weiteres Leitsymptom für die Staupe ist die *Hyperkeratose*, die übermäßige Verhornung der Fußsohlen. Dabei verändert sich die Haut an den Pfoten, wird pustulös, die Pusteln brechen auf, um anschließend wieder abzuheilen. Man spricht dann auch von der *Hartballenkrankheit*.

Ansteckende Leberentzündung (Hepatitis contagiosa)

Die ansteckende Leberentzündung des Hundes wurde früher auch *Rubarthsche Krankheit* genannt. Sie wird von einem kaninen Adenovirus des Typs 1 verursacht. Diese Adenoviren kommen beim Hund mit 2 Typen vor, von denen der eine die infektiöse Laryngotracheitis verursacht, der andere beim Zwingerhusten mitbeteiligt ist.

Allgemeines

Die Welpensterblichkeit liegt bei einem Befall bei 2 Wochen. Man kann davon ausgehen, daß wenn 1 Tier aus dem Wurf erkrankt ist, auch der restliche Wurf zugrundegeht.
Im Gegensatz zum Staupevirus erfolgt die Übertragung durch direkten Kontakt, d. h. Aufnahme von Urin, Kot oder Speichel bereits infizierter Tiere.
Nach überstandener Krankheit ist das Virus weder im Blut noch in Speichel oder Kot nachweisbar; mit dem Urin hingegen wird es mindestens 6 Monate ausgeschieden.
Die Impfung mit Lebendvakzinen hat zu einem erheblichen Rückgang der Erkrankung geführt.

Wichtige Merkmale der Hepatitis

- Die Inkubationszeit liegt bei 6–9 Tagen; nach dieser Zeit zeigen sich die ersten Symptome. Auch hier sind durchaus Ausnahmen bezüglich des Zeitraums möglich.
- Hunde aller Altersklassen können infiziert werden.
- Bei Jungtieren kommt es innerhalb der ersten beiden Lebenswochen zu plötzlichen Todesfällen ohne ausgeprägte Krankheitszeichen.
- Das 1. Symptom ist Fieber, oft über 40 °C über 1–2 Tage.
- Folgt kurz nach dem 1. Auftreten ein 2. Fieberschub, kommt es zu ernsthaften Symptomen. In sehr schweren Fällen kann ein Hund plötzlich kollabieren und binnen 24 Stunden sterben.
- Weitere Symptome sind Lustlosigkeit, Appetitlosigkeit und auffallender Durst.
- Auch Bauchschmerzen bzw. eine Überempfindlichkeit des Unterleibs werden beobachtet, vor allem dann, wenn beim Abtasten hinter dem Rippenrand eine geschwollene Leber angetroffen wird. Dabei äußern die Tiere Schmerzen durch Stöhnen oder Aufjaulen.
- Die Puls- und Atemfrequenz ist erhöht, auch in Ruhestellung!
- Die Bewegungen werden deutlich eingeschränkt.
- Erbrechen und Durchfall sind häufig.

Parvovirose (Parvovirusenteritis)

Im Jahr 1978 tauchte diese Erkrankung erstmals auf und zeigte den Menschen, daß durchaus noch neue Viruskrankheiten auftreten können. Die Parvovirusinfektion des Hundes ist die einzige tierische Viruskrankheit, für die sich der sonst nur in der Pflanzenvirologie gängige Begriff „Virose“ eingebürgert hat.

Allgemeines

Der Ursprung des Hundeparvovirus ist nicht eindeutig geklärt. Das Virus hat sich jedoch mit rasender Schnelligkeit über den ganzen Erdball verbreitet. Nur Mitglieder der Familie der Hundeartigen (Canidae) scheinen unter natürlichen Bedingungen das Parvovirus zu vermehren; für die Infizierbarkeit des Menschen fehlt jeder Hinweis. Ausgeschieden wird das Virus in sehr großen Mengen mit dem Kot infizierter Hunde, so daß dieser die Hauptansteckungsquelle für empfängliche Tiere darstellt.
Hauptsächlich bekannt wurde die Erkrankung mit Befall von Magen- und Darmbereich, weniger bekannt ist die Myokardform (Befall des Herzens).
Nach überstandener Infektion entwickelt sich beim Hund eine belastungsfähige Immunität, die auch die Virusausscheidung stagnieren läßt, meist vor dem 14. Tag ab Ansteckung. Periodische Ausscheidungen bei genesenden Hunden können zwar vorkommen, sind jedoch eine seltene Ausnahme.
Im Alter von 8–12 Wochen sind die Welpen besonders gefährdet, obwohl die mit der Muttermilch aufgenommenen Antikörper den Welpen bis zu 18 Wochen lang schützen können. Die meisten Enteritisfälle wurden bei 8–12wöchigen Tieren beobachtet.
Seit 1980 gibt es neue Virenstämme, die wesentlich aggressiver als die bekannten zu sein scheinen.
Einbrüche beim Impfschutz sind in der Regel auf eine falsche Grundimmunisierung sowie eine mögliche Verwurmung zurückzuführen.

Wichtige Merkmale der Parvovirose

- Die Inkubationszeit beträgt 4–7 Tage bei der enteralen Form, bei der Myokardform ist sie länger.
- Die Welpen zeigen plötzlich Erbrechen mit Apathie, Appetitlosigkeit und Fieber.
- Dem Erbrechen folgen innerhalb von 6–24 Stunden die ersten Durchfallsymptome.
- Der Kot ist breiig bis flüssig mit einem charakteristisch dumpfen Geruch und einer grauen bis graugelben Farbe, oftmals mit Blut durchmischt.

- Es besteht die Gefahr der Austrocknung, die unbehandelt zum totalen Zusammenbruch führen kann. Wird der Flüssigkeitsverlust nicht kurzfristig und ausreichend kompensiert, kann dies innerhalb weniger Tage zum Tod führen.
- Die Sterblichkeit bei 6–14wöchigen Welpen beträgt etwa 7 %, bei älteren Tieren liegt sie unter 1%; überlebende Tiere erholen sich meist schnell.
- Die klinischen Anzeichen der Myokarditis stellt man 3–7 Wochen nach der Genesung fest.
- Durchschnitthch stirbt die Hälfte der Welpen eines infizierten Wurfs vor der 8. Lebenswoche, einzelne können noch später einem subakuten Herzversagen erliegen.
- Bei Welpen unter 2 Monaten sind Atemnot, Winseln und Würgen typisch.
- Die Tiere können plötzlich und ohne weitere Anzeichen unter Krämpfen kollabieren.
- In dieser Phase sind ein sehr schwacher Puls, bläuliche Verfärbung der Lippen (Zyanose) und kalte Gliedmaßen charakteristisch.
- Überlebt ein Welpe eine Myokarditis, kann er trotzdem noch nach Jahren einem Herzversagen erliegen.

Tollwut

Diese Infektionskrankheit ist seit langem bekannt. Auch die Griechen hatten die Bedeutung und Gefährlichkeit der Tollwut erkannt, und im 1. Jahrhundert unserer Zeitrechnung wurde beschrieben, daß ein Hundebiß dem Menschen gefährlich werden könne. Es wurde empfohlen, die Bißwunden durch Ausbrennen (Kauterisieren) und Aussaugen zu behandeln, wie man dies auch bei Schlangenbissen tat.

Allgemeines

Die Entwicklung des 1. Impfstoffs erfolgte 1885. Die Massenimpfung von

Hunden mit sehr wirksamen Tollwutimpfstoffen begann in den 40er Jahren. Die Einführung des Hyperimmunserums zur Behandlung von Menschen nach dem Biß erfolgte 1954.
Der Nachweis des Tollwutvirusantigens kann nur aus dem Gehirn getöteter bzw. verendeter Tiere erbracht werden.
Bereits der Verdacht (nicht nur Erkrankung oder Tod) auf Tollwut ist gegenüber den Behörden meldepflichtig. Das Tier muß auf Anordnung ggf. getötet, zumindest jedoch in Quarantäne genommen werden.
Die Tollwut wurde außer in Australien und der Antarktis auf allen Kontinenten festgestellt. Nur wenige Länder sind aufgrund ihrer geographischen Lage (z. B. England) oder durch konsequente Durchführung veterinärpolizeilicher Maßnahmen (Niederlande) tollwutfrei.
Man findet Gegenden, in denen der Hund der Hauptwirt für das Virus ist, und auch solche, wo die Tollwut im Wildtierzyklus grassiert. In Mittel- und Osteuropa ist das Virus beim Rotfuchs am häufigsten, nur 0,1–5 % der jährlichen Tollwutfälle kommen dort auf das Konto des Hundes.
Eine gültige Schutzimpfung wird von vielen Ländern bei Einreise mit dem Hund verlangt, d. h., das Tier muß mindestens 4 Wochen vor dem Grenzübertritt geimpft werden.
Die Übertragung erfolgt durch den Speichel des infizierten Tieres.
Prädestiniert für den Befall sind herrenlose, streunende Hunde, vornehmlich in Stadtgebieten mit hoher Bevölkerungsrate und niederem Einkommen der Bewohner.
Auch der Mensch kann sich schutzimpfen lassen; empfehlenswert ist dies besonders bei Wald-/Forstarbeitern, Tierpflegern usw.

Wichtige Merkmale der Tollwut

- Man unterscheidet die Symptome der Tollwut in 2 Kategorien: die *rasende Wut* (mit Übererregbarkeit) und die *stille Wut* (bei der Lähmungen vorherrschen). Es kommen jedoch auch Zwischenformen mit allen denkbaren Nuancen vor.
- Die Erkrankung beginnt mit zunehmender Unruhe und Nervosität des Tieres sowie dem Drang zur Flucht.
- Es zeigt sich eine deutlich erhöhte Körpertemperatur.

- Charakteristisches, heiseres Jaulen oder Bellen, in der Folge Lähmung des Unterkiefers.
- Die Tiere versuchen, in alle Gegenstände zu beißen, die man vorhält.
- Nicht alle Symptome sind jedoch gleichzeitig ersichtlich.
- Nach dem Stadium der rasenden Form, die von längerer oder kürzerer Dauer sein kann, folgen Koordinationsstörungen und Lähmungen.
- Der Blick ist auffällig starr und verloren ins Leere gerichtet.
- Die Lähmung der Kaumuskulatur nimmt zu; nicht selten wird daher noch nach einem Fremdkörper im Rachen gesucht.
- Kurz vor dem Tode erfolgt die vollständige Paralyse der Gliedmaßen.
- Der Tod tritt im Koma ein.

Bekämpfung

Die Tollwutsituation in einem Land kann nur dann beherrscht werden, wenn Gesetzgebung und Ausführungsverordnungen dies ermöglichen. Die folgenden Elemente gehören in ein Bekämpfungsprogramm, um überhaupt eine Erfolgschance zu haben:

- Erziehung der Menschen zur Verantwortlichkeit für ihre Hunde.
- Mobilisierung der Bevölkerung in der Bekämpfung der Tollwut.
- Gebot der Registrierung und Kennzeichnung für Hunde.
- Einschränkung der Übertragungsmöglichkeit zwischen Hunden durch Quarantäne, Maulkorbzwang, Anleinen usw.
- Schutzimpfung.
- Überwachung streunender Hunde.
- Tollwutdiagnose und epidemiologische Überwachung.
- Meldepflicht für tollwutverdächtige Hunde.

Zwingerhusten

Die infektiöse *Tracheobronchitis* des Hundes wird schlechthin Zwingerhusten genannt und ist eine hochansteckende Erkrankung der Atmungsorgane. Sie ist zwar nicht lebensbedrohlich, da sich die Tiere in der Regel innerhalb weniger Tage oder Wochen wieder erholen, aber sie ist aufgrund der Hustenanfälle auch nicht zu überhören.

Wichtige Merkmale des Zwingerhustens

- Die Inkubationszeit beträgt 3–10 Tage.
- Die Anzeichen erscheinen in 2 Formen. Die eine ist durch trockenen, heftigen Husten gekennzeichnet und kommt bei nachweislich gegen Staupe und Hepatitis geimpften Hunden vor. Der Husten kann von Würgen und sogar von Erbrechen begleitet sein. Die Symptome dauern im allgemeinen 1–3 Wochen; in Einzelfällen kann es sogar bis zur Lungenentzündung kommen; Auftreten am häufigsten im Herbst. Die periodischen Hustenanfälle können sich beim selben Tier wiederholen, wobei das Tier durchaus eine Immunität entwickeln kann.
- Die andere Form wird bei Hunden mit unsicherer Impfanamnese beobachtet und kommt hauptsächlich in zoologischen Handlungen und Asylen vor, wo die Herkunft der Hunde weitgehend unbekannt ist, bzw. auch auf Ausstellungen oder Hundeplätzen. Diese Form des Zwingerhustens kommt während des ganzen Jahres vor.
- Gelegentlich ergibt sich auch ein schleimiger Husten, der von Augen- und Nasenausfluß begleitet ist.
- Die Anfälle bereiten den Tieren Schmerzen.

Leptospirose (Stuttgarter Hundeseuche)

Infektionen mit den sogenannten Leptospiren sind weltweit verbreitet. Der Verseuchungsgrad bei der Hundepopulation liegt bei 20–30 %. Die Infektion verläuft ohne deutliche Krankheitserscheinungen.
Das gehäufte Auftreten von diffusen Krankheitsbildern nach einer Hundeausstellung im Jahre 1898 in Stuttgart gab dieser Krankheit ihren Beinamen „Stuttgarter Hundeseuche“. Es gibt bereits eine Vielzahl verschiede-

ner Typen der Leptospiren, wovon ungefähr 20 Typen beim Hund in Frage kommen. Mit welchem serologischen Typ die Infektion erfolgt, hängt weitgehend von den Lebensgewohnheiten des Tiers ab, d. h., ein Stadthund wird andere Erreger aufweisen als ein Jagdhund oder ein auf dem Land lebendes Tier, da dort andere Zwischenwirte in Betracht kommen.

Allgemeines

Die Erreger werden mit dem tierischen Harn verbreitet.
Die Infektion erfolgt oft von Hund zu Hund (durch Beschnuppern, Ablekken) oder indirekt, was von den Überlebensbedingungen der Leptospiren abhängt.
Die Erreger sind widerstandsfähig gegen Kälte und Nässe sowie alkalisches Milieu. Als Infektionsquellen kommen daher z. B. nasse Böden, Tümpel, Teiche, aber auch verunreinigtes Trinkwasser oder Nagerbisse in Betracht.
Hunde weisen eine große Infektionsbereitschaft für den Erreger auf, wenngleich die Erkrankungsbereitschaft sehr gering ist. So ist es nicht selten, daß auch im Harn von gesunden Tieren Leptospiren nachgewiesen werden. Bei Rüden sind die Infektionen doppelt so häufig wie bei Hündinnen, da sie überall herumschnüffeln.

Wichtige Merkmale der Leptospirose

- Nach dem Eindringen in den Körper kreisen die Leptospiren einige Tage im Blut (man spricht dann von *Leptospirämie*) und rufen Fieber, Appetitmangel, Mandelentzündung und Erbrechen hervor. Die Leptospirämie dauert in der Regel 2–8 Tage (aber Vorsicht, auch hier bestätigt die Ausnahme die Regel). Nach dieser Zeit kommt es zu einer Antikörperbildung, die sich nach 7–10 Tagen nachweisen läßt. Eindeutige Beweise zur Sicherung der Diagnose sind jedoch nur über eine oder mehrere Blutunterschungen zu erbringen.
- Als erstes werden die am besten durchbluteten Organe, wie Leber, Niere und Gefäße, befallen.

- Das Krankheitsbild ist äußerst vielseitig: Störungen des Allgemeinbefindens, Erbrechen, Nierenentzündung, Harnverhalten, Gelbsucht, Bindehautentzündung, Schnupfen, Bronchitis. Manchmal täuschen Muskelschmerzen auch eine Nachhandlähme vor. Gestörte Freßlust und unterschiedlicher Durst runden das Bild noch ab.
- Anfänglich erfolgt ein Fieberschub, der 36–48 Stunden anhalten kann, danach folgt eine Normaltemperatur oder bei schwerem Verlauf sogar Untertemperatur.
- Leberstörungen und Nierensymptome sind häufige Begleiterscheinungen

Impfplan

Um Erkrankungen vorzubeugen, werden die Impfungen prophylaktisch in folgenden Zeitabständen vorgenommen:

Tollwut / Leptospirose / Parvovirose in jährlichem Abstand
Staupe / Hepatitis in 2jährigem Abstand

Je nach verwendetem Impfstoff können kleinere zeitliche Abweichungen auftreten. Zu berücksichtigen sind auch noch folgende Details:

- Rechtzeitige Impfung der Mutterhündin *vor* dem Belegen mit Mehrfachvakzinen (entweder im Rahmen der jährlichen Auffrischimpfung oder ggf. nochmals separat); der Zeitraum sollte möglichst 2–4 Wochen vor dem errechneten Decktermin liegen.
- Geänderte Vorgehensweise bei mutterlos aufwachsenden Welpen bei Gefährdung (Staupe).
- Geänderte Vorgehensweise bei künstlicher Welpenaufzucht ohne Gefährdung.
- Grundsätzlich alle Welpen eines Wurfs impfen.
- Nur gesunde und entwurmte Welpen impfen.
- Werden die Welpen *vor* Beendigung der Grundimmunisierung abgegeben, ist in geeigneter Form vom Züchter/Welpenkäufer dafür Sorge zu tragen, daß alle Impfungen zu Ende geführt werden.

Anhang

Diät bei Magen- und Darmerkrankungen

Sofern bei den einzelnen Kapiteln nicht schon Hinweise gegeben wurden, finden nachstehende Vorschläge Anwendung.

Bei Durchfall

- Hafer-, Reisschleim
- entfettete Fleischbrühe
- zartes, weißes Fleisch
- Süßwasserfische
- Quark
- magerer Käse
- Zwieback

Bei Verstopfung

- rohe Haferflocken
- Joghurt
- Karottensaft oder rohr Karotten
- Leinsamenschrot
- rohes oder nicht ganz durchgekochtes Rindfleisch

Bei Blähungen

- entfettete Fleischbrühe
- Meerwasserfisch, z. B. Heilbutt
- Kartoffelbrei (mit Magermilch)
- Kalbfleisch
- Zwieback

Zugleich wird die Dosierung des gewählten Medikaments von 5 Tropfen auf 3 Tropfen oder von 2 Tropfen bzw. 1 Tablette auf 1/2 Tablette verringert.

Diät bei Hauterkrankungen

Bei den Hauterkrankungen sind, wie auch in den einzelnen Kapiteln beschrieben, eine Vielzahl von Ursachen verantwortlich für die uns sichtbaren Symptome. Das resultiert aus der zunehmenden Unverträglichkeit unserer Hunde gegenüber verschiedenen Futtermitteln. Grundsätzlich sollte daher eine Therapie immer begleitend mit einer gewissen „Diät“ durchgeführt werden. Diese muß u. a. auf das Alter, die Größe des Tiers und den Allgemeinzustand abgestimmt sein und trotzdem die vom Organismus benötigten Nährstoffe, Minerale und Vitamine in ausreichender und vor allem auch ausgewogener Menge enthalten.

Bei *Futtermittelallergien* und *Ekzemen* ist generell eine eiweißselektierte Diät einzusetzen, d. h., Eiweiße zu verwenden, wie sie z. B. in Hühnerfleisch und Reis vorkommen. Diese beiden Rohstoffe vor allem sind dafür bekannt, daß sie äußerst selten eine Überempfindlichkeitsreaktion auslösen. Femer sollten weder Gluten noch Milchprodukte enthalten sein, da diese häufig die Ursachen einer solchen Überreaktion der Haut sein können.

- *Selected Protein Diet:* besteht aus Hühnerfleisch, Reis, Mineralstoffen, Vitaminen (Dosenfutter à 420 g).
- *Intestinal Komplettfutter:* besteht aus Lammbrühe, Lammfleisch, Sojamehl, Braunreis, Kartoffeln, Karotten sowie allen Mineralstoffen und Vitaminen (Dosenfatter à 400 g).

- *Vegetarian Komplettfutter:* wird v. a. bei Fleischallergien sowie Proteinproblemen und auch als Testfutter verwendet (Dosenfutter à 400 g bzw. auch als Trockenfatter ab 2,0 kg erhältlich).
- *Reismix mit Gemüse:* als Diätergänzungsfuttermittel, besteht aus vorgegartem Reis und verschiedenen Gemüsesorten, ideal auch zum Mischen mit Frisch- oder Dosenfleisch.

Außer den genannten Futtermitteln gibt es selbstverständlich noch eine Vielzahl weiterer Produkte verschiedener Marken, wobei Sie bei einzelnen Herstellerfirmen auch ganz gezielte Therapiepläne erhalten können.

Selbst kochen ist natürlich die andere Variante, um Ihren Hund – wenn's schon nicht mehr das Lieblingsessen geben darf – weiterhin zu verwöhnen und eventuell geschmackliche Varianten einzubauen. Auch hier sind die Hauptbestandteile

- Hühnerfleisch
- Reis
- frisches Gemüse oder Salat
- Mineralien
- Vitamine

jedoch keine Milchprodukte, wie z. B. Käse, Frischmilch usw.

Eine ganz findige Hundeliebhaberin hat über die Gourmet-Küche für den Vierbeiner bereits ein Buch veröffentlicht über das „Kochen für den Hund", woraus viele Rezepte und Anregungen entnommen werden können und manche davon Sie auch sicherlich zum Schmunzeln bringen.

Da es sich für den Ungeübten als ein äußerst schwieriges Unterfangen darstellt, sich mit der „Ausgewogenheit aller Nahrungsbestandteile" auseinanderzusetzen, empfiehlt es sich, den behandelnden Therapeuten zu Rate zu ziehen.

Schlußgedanken

Junger Hund – alter Hund

Möglicherweise haben Sie Ihren Vierbeiner als Welpen geholt und seine rasche Entwicklung in den ersten 12 Lebensmonaten miterlebt. Die Milchzähne wechselten, beginnend im Alter von etwa 5 Monaten zum bleibenden Gebiß, das allerdings erst mit etwa 8 Monaten vollständig war.
Haben Sie sich eine Hündin ins Haus geholt, so erlebten Sie den Vollzug der Geschlechtsreife mit der ersten Läufigkeit vermutlich im Alter zwischen 7 und 9 Monaten.
Ausgewachsen war der Hund – rassebedingt – mit 12–18 Monaten.
Viele schöne Zeiten haben Sie mit Ihrem Hund erlebt, und so stellen Sie fest, daß das Tier nunmehr „in die Jahre" kommt und alles etwas nachläßt. Die Hündin hat jetzt ihre Läufigkeit nur noch unregelmäßig, und auch der einstmals „spritzige" Rüde wird ruhiger. Bei dieser Aussage bin ich sicher, daß mancher Leser ins Schmunzeln kommt, sollte er einen 14- bis 15jährigen Playboy im Hause haben, vor dem auch jetzt noch keine Hündin sicher ist. Gleichermaßen gilt dies aber auch für Besitzer, deren Hündin auch im gesetzten Alter noch regelmäßig läufig wird.
Mit zunehmendem Alter verlieren die Hunde, männlich oder weiblich, einen oder gar mehrere Zähne, vielleicht sogar alle. Aber das muß nicht sein, denn es gibt auch alte Hunde mit gesundem, fast vollständigem Gebiß.
Ähnlich verhält es sich auch bei den Sinnesorganen. Spätestens hier ist zu erkennen, daß nicht jeder alte Hund zahnlos, kurzsichtig und schwerhörig seinen Lebensabend beenden muß. Dies ist größtenteils anlagebedingt.
Selbst wenn Ihr alter Hund zahnlos wird, Hör- und Sehschwächen hat, so können Sie durch entsprechende Hilfeleistungen Ihrem Hund das Leben erleichtern.

Auch die Gedanken darüber, daß Ihr Hund schrecklich unter diesen Schwächen leidet, sollten Sie möglichst nicht weiter ausführen. Wenn Sie Ihren Hund gut beobachten, werden Sie feststellen, daß er ganz zufrieden ist und sicherlich nicht seinen Jugendjahren nachhängt nach dem Motto: „Früher habe ich Bäume ausgerissen, und was ist heute?"
Solche Gedanken plagen vielleicht die Menschen, aber nicht unsere Hunde, Und ganz bestimmt haben Sie schon beobachtet, wie Ihr Hund plötzlich gespannt und mit gestraffter Brust, die letzten Zähne zeigend, seinem auch schon recht alten Lieblingsfeind gegenübertritt. Ist dann der Rivale endlich vorbei, dann fällt Ihr Hund in sich zusammen, kann kaum noch das Bein heben. Eine hübsche läufige Hündin ermuntert ihn jedoch durchaus noch einmal, alle seine Kraft für ein möglichst stolzes Bild zusammenzunehmen und das Ganze von vorne zu beginnen: durchstraffen, Brust raus, nicht die Zähne, sondern sich von der besten Seite zeigen, na, ja, und möglicherweise noch mehr....
Nach einem oder gar beiden Erlebnissen ist der alte Hund wieder soweit. Er fällt in sich zusammen und braucht nach soviel Aufregung Ruhe und Erholung. Er hat ja nun auch einiges erlebt, einiges, das aufrecht hält.
Doch auch ein Hundeleben geht einmal zu Ende. Für den Menschen erscheint es viel zu früh, aber mit 14–15 Jahren hat der Hund schon ein *langes* Leben hinter sich gebracht!
Auch wenn es noch so schmerzlich ist und Ihr Hund, der jahrelang treuer Gefährte und Freund war, einschläft, ist es für manchen Besitzer tröstlich, daß er ihn nicht einschläfern lassen mußte.
Leider ist das nicht inimer der Fall. Manche Hunde, ob jung oder alt, können so schwer erkranken, daß das Einschläfern für sie die Erlösung darstellt. Dies gilt auch für sehr alte und schwache Hunde, die keine Nahrung mehr aufnehmen können und dadurch zu leiden beginnen.
Hier die Entscheidung zu fällen, ist für niemanden leicht, und die Versuchung, eine solche hinauszuzögem ist groß. Doch hiermit ist dem Hund nicht geholfen. Jede Verzögerung bedeutet eine Verlängerung der Schmerzen, des Leidens.
Als letzter Freundschaftsdienst sollte die Erlösung von diesen Leiden angesehen werden, auch wenn *Sie* darunter leiden, diese Entscheidung treffen zu müssen.
Haben Sie Mtleid mit Ihrem Hund, bringen *Sie* es zu Ende.

Register

Gesamtprogramm

Herzinfarkt – *Wende zum gesünderen Leben,*
von Gerhard Leibold
2. Aufl., 111 Seiten, 4 Zeichn., kart.,
ISBN 3-926955-01-5
DM 18,80 ÖS 139,– SFr 18,80

Heilpflanzen – *Die wichtigsten Arten und ihre Anwendung,*
von Apotheker Mannfried Pahlow
4. Aufl., 117 Seiten, 43 Zeichn., kart.,
ISBN 3-926955-03-1
DM 18,80 ÖS 139,– SFr 18,80

Risiko Bluthochdruck,
von Gerhard Leibold
3. Aufl., 106 Seiten, 5 Zeichn., kart.,
ISBN 3-926955-06-6
DM 18,80 ÖS 139,– SFr 18,80

Rheumatische Erkrankungen lindern – *Beweise für ungewöhnliche Erfolge durch Naturheilkunde,*
von Gustav K. Kemperdick
114 Seiten, kart.,
ISBN 3-926955-07-4
DM 19,80 ÖS 147,– SFr 19,80

Gesunde Kost – gesunde Kinder – *Ein unterhaltsamer Ratgeber für Mütter und Kinder,*
von Ilse Auerswald
92 Seiten, 19 Zeichn., kart.,
ISBN 3-926955-13-9
DM 14,80 ÖS 110,– SFr 14,80

Arzneigewürze – *Schmackhafte Hilfen für Ihre Gesundheit,*
von Dr. Uli Mautner und Bernd Küllenberg
3. Aufl., 128 Seiten, 50 Zeichn., kart.,
ISBN 3-926955-14-7
DM 18,80 ÖS 139,– SFr 18,80

Klassische Homöopathie – *Heilen nach einem bewährten Naturgesetz,*
von Josef Rau
3. Aufl., 102 Seiten, 1 Foto, kart.,
ISBN 3-926955-19-8
DM 18,80 ÖS 139,– SFr 18,80

Ärztliche Behandlungsfehler – *Geschädigte Patienten und ihre Rechtsansprüche,*
von Dr. med. Karl Dupré
164 Seiten, kart.,
ISBN 3-926955-20-1
DM 19,80 ÖS 147,– SFr 19,80

Niedriger Blutdruck – *Hilfe durch bewährte Naturheilverfahren,*
von Gerhard Leibold
4. Aufl., 110 Seiten, 5 Zeichn., kart.,
ISBN 3-926955-21-X
DM 18,80 ÖS 139,– SFr 18,80

Innere Harmonie als heilende Lebenskraft – *Mit Übungen zum besseren Sehen,*
von Christopher Markert
168 Seiten, 20 Abb., 5 Übungskarten, kart.,
ISBN 3-926955-22-8
DM 19,80 ÖS 147,– SFr 19,80

Tai Chi für Anfänger – *Illustrierte Einführung in die chinesische Bewegungsmeditation,*
von Thomas Methfessel
4. Aufl., 144 Seiten, 170 Fotos, 10 Zeichn., kart., ISBN 3-926955-23-6
DM 24,80 ÖS 184,– SFr 24,80

Knochenentkalkung muß kein Schicksal sein – *Ursachen, Vorbeugung und Behandlung der Osteoporose,*
von Gerhard Leibold
5. Aufl., 105 Seiten, 14 Zeichn., kart.,
ISBN 3-926955-26-0
DM 18,80 ÖS 139,– SFR 18,80

Ganzheitliche Erste Hilfe – *Das praktische Hausbuch für alltägliche Erkrankungen,*
von Dr. med. Michael Nightingale
237 Seiten, 86 Zeichnungen, kart.,
ISBN 3-926955-27-9
DM 29,80 ÖS 221,– SFr 29,80

Altchinesische Heilungswege – *Das Handbuch der fernöstlichen Naturheilkunde,*
von Kai Uwe Frank
4. Aufl., 222 Seiten, 66 Abb., kart.,
ISBN 3-926955-29-5
DM 24,80 ÖS 184,– SFr 24,80

Mehr leisten ohne Tabletten – *Das 10-Wochen-Fitneßprogramm,*
von Gerhard Leibold
160 Seiten, 10 Zeichn., kart.,
ISBN 3-926955-31-7
DM 18,80 ÖS 139,– SFr 18,80

Magnetfeldtherapie – *Schmerzen lindern – natürlich und ohne Nebenwirkungen,*
von Karl-Heinz Hanusch
8., erweiterte Aufl., 99 Seiten, 7 Fotos, kart.,
ISBN 3-926955-32-5
DM 18,80 ÖS 139,– SFr 18,80

Spurenelemente – *So helfen sie Ihrer Gesundheit,*
von Dr. med. Andrew Stanway
78 Seiten, kart.,
ISBN 3-926955-33-3
DM 16,80 ÖS 124,– SFr 16,80

Dr. Werner Jopp Verlag Wiesbaden

Diabetes naturheilkundlich behandeln – *Alternativen zur Insulintherapie,*
von Jutta Plath
2. Aufl., 131 Seiten, 27 Abb., kart.,
ISBN 3-926955-34-1
DM 19,80 ÖS 147,– SFr 19,80

Der Blitz aus heiterem Himmel – *Mein Leben mit Epilepsie,*
von Hannelore Bichler
4. Aufl., 82 Seiten, kart.,
ISBN 3-926955-35-X
DM 18,80 ÖS 139,– SFr 18,80

Mit 40 schon an 60 denken – *Fit und gesund bis ins hohe Alter,*
von Gerhard Leibold
149 Seiten, kart.,
ISBN 3-926955-36-8
DM 19,80 ÖS 147,– SFr 19,80

Das heilende Fasten – *So stärken Sie Ihr Wohlbefinden,*
von Dr. med. Otto Buchinger und Dr. med. Andreas Buchinger
8. Aufl., 130 Seiten, kart.,
ISBN 3-926955-37-6
DM 18,80 ÖS 139,– SFr 18,80

Das Anti-Rheuma-Buch – *Vorbeugen, bessern, heilen – Empfohlen vom Rheuma-Hilfswerk Deutschland e.V.,*
von Ulrike Gabs
96 Seiten, 60 meist vierfarbige Abb., kart.,
ISBN 3-926955-38-4
DM 19,80 ÖS 147,– SFr 19,80

Rückenschmerzen lindern – *Vorbeugen und behandeln mit Naturheilkunde,*
von Paul Mohr
4. Aufl., 161 Seiten, 43 Abb., kart.,
ISBN 3-926955-39-2
DM 18,80 ÖS 139,– SFr 18,80

Leben mit Asthma, Bronchitis, Emphysem,
von Professor Dr. med. Linus Geisler
4. Aufl., 174 Seiten, 37 Abb., kart.,
ISBN 3-926955-40-6
DM 24,80 ÖS 184,– SFr 24,80

Gesunde Darmflora – *Selbsthilfe bei Dysbiose und anderen Darmerkrankungen,*
von Gerhard Leibold
4. Aufl., 124 Seiten, Zeichn., kart.,
ISBN 3-926955-41-4
DM 18,80 ÖS 139,– SFr 18,80

Schöne Heilbäder in Deutschland – *Therapien, Unterkunft, Freizeit, Sport, Kultur,*
von Dr. Gerhard Eckert
4., überarb. Aufl., 180 Seiten, 60 Fotos, kart.,
ISBN 3-926955-42-2
DM 24,80 ÖS 147,– SFr 24,80

Gesund wohnen – gesund schlafen – *Elektrosmog und Wohngifte vermeiden,*
von Gottfried Joachim Wohlfeil
137 Seiten, 80 Abbildungen, kart.,
ISBN 3-926955-43-0
DM 19,80 ÖS 147,– Sfr 19,80

Frauwerden – *Was Mädchen schon immer über Menstruation, Sexualität und Schwangerschaft wissen wollten,*
von Dr. med. Wolfgang Cyran
2. Aufl., 174 Seiten, 45 Abb., kart.,
ISBN 3-926955-45-7
DM 19,80 ÖS 147,– SFr 19,80

Männerkrankheiten – *Vorbeugung und Therapie der Prostataleiden,*
von Gerhard Leibold
2. Aufl., 114 Seiten, Zeichnungen, kart.,
ISBN 3-926955-46-5
DM 19,80 ÖS 147,– SFr 19,80

Sanfte Hilfen für die Seele – *Homöopathische Therapien bei Angst, Depression und anderen psychischen Störungen,*
von Gerhard Leibold
3. Aufl., 141 Seiten, kart.,
ISBN 3-926955-48-1
DM 19,80 ÖS 147,– SFr 19,80

Milchfrei leben – glutenfrei leben – *Ratgeber für Laktoseintoleranz und Zöliakie – Mit über 100 Rezepten,*
von Nora Kircher
empfohlen von der Dt. Zöliakie-Gesellschaft,
5. Aufl., 90 Seiten, kart.,
ISBN 3-926955-49-X
DM 18,80 ÖS 139,– SFr 18,80

Neurodermitis – *Ganzheitstherapie für Körper und Seele,*
von Gerhard Leibold
empfohlen vom Deutschen Neurodermitiker Bund e. V.
2. Aufl., 132 Seiten, kart.,
ISBN 3-926955-50-3
DM 19,80 ÖS 147,– SFr 19,80

Tarot – *Ihr innerer Spiegel – Lebenshilfe aus dem Unbewußten,*
von Dr. Klaus D. Biedermann
3. Aufl., 173 Seiten, 96 Abb., kart.,
ISBN 3-926955-51-1
DM 24,80 ÖS 184,– SFr 24,80

Die Kunst des Seins – *Eine praktische Lebenshilfe,*
von Dr. Klaus D. Biedermann
2. Aufl., 98 Seiten, kart.,
ISBN 3-926955-52-X
DM 19,80 ÖS 147,– SFr 19,80

Nie wieder erkältet – *So helfen Heilpflanzen und bewährte Familienrezepte,*
von Oliver Clark
2. Aufl., 82 Seiten, kart.,
ISBN 3-926955-53-8
DM 18,80 ÖS 139,– SFr 18,80

Arterien- und Venenleiden erfolgreich behandeln – *Arteriosklerose, Krampfadern, Thrombose,*
von Michael Anderson
165 Seiten, 50 Zeichnungen, kart.,
ISBN 3-926955-54-6
DM 19,80 ÖS 147,– SFr 19,80

Gesund durch Entsäuerung – *Das Säure-Basen-Gleichgewicht wiederherstellen und erhalten,*
von Harald Hosch
8. Aufl., 140 Seiten, Zeichnungen, kart.,
ISBN 3-926955-55-4
DM 19,80 ÖS 147,– SFr 19,80

Blasen- und Nierenerkrankungen – *Symptome, Ursachen, erfolgreiche Naturheilverfahren,*
von Gerhard Leibold
118 Seiten, 4 Zeichnungen, kart.,
ISBN 3-926955-56-2
DM 19,80 ÖS 147,– SFr 19,80

Schmerzen lindern – *Ursachen durch Ganzheitstherapie heilen,*
von Gerhard Leibold
138 Seiten, kart.,
ISBN 3-926955-58-9
DM 19,80 ÖS 147,– SFr 19,80

Cholesterinarm leben – *Praktischer Ernährungsratgeber bei zu hohen Blutfettwerten – Mit über 100 Rezepten,*
von Nora Kircher
2. Aufl., 105 Seiten, Zeichnungen, kart.,
ISBN 3-926955-59-7
DM 18,80 OS 139,– SFr 18,80

Wohlbefinden durch Duft-Qigong – *Die Wiederentdeckung der chinesischen Heilgymnastik,*
von Wenchu Jin und Dorothea Morlock
79 Seiten, 88 Fotos, 18 Zeichn., kart.,
ISBN 3-926955-60-0
DM 19,80 ÖS 147,– SFr 19,80

Kinderkrankheiten – *Homöopathische Hilfen und Hausmittel,*
von Anne Millich
4., überarbeitete Aufl., 137 Seiten, Zeichn., kart.,
ISBN 3-926955-68-6
DM 19,80 ÖS 147,– SFr 19,80

Tinnitus lindern durch Laserlicht – *Die neue Kombinationstherapie bei Ohrgeräuschen, Hörsturz und Gleichgewichtsstörungen,*
von Dr. med. Lutz Wilden und Michaela Fritsch
2. Aufl., 109 Seiten, Abbildungen, kart.,
ISBN 3-926955-69-4
DM 18,80 ÖS 139,– SFr 18,80

Vorsicht Lebensmittel! – *Praktische Hilfen für Ihr Kaufverhalten – Übersicht: Gesund und umweltfreundlich einkaufen,*
von Gerhard Leibold
154 Seiten, kart.,
ISBN 3-926955-71-6
DM 19,80 ÖS 147,– SFr 19,80

Kinderseelen wollen lachen – *Geschichten zur Meisterung des Lebens,*
von Anne Millich
97 Seiten, Zeichnungen, kart.,
ISBN 3-926955-72-4
DM 18,80 ÖS 139,– SFr 18,80

Purinarm leben – *Praktischer Ernährungsratgeber bei Gicht – Mit über 100 Rezepten,*
von Nora Kircher
115 Seiten, Zeichnungen, kart.,
ISBN 3-926955-73-2
DM 18,80 ÖS 139,– SFr 18,80

Bioresonanztherapie – *Mit körper- und substanzeigenen Schwingungen heilen,*
von Reinhold D. Will
4. Aufl., 146 Seiten, 5 Zeichnungen, kart.,
ISBN 3-926955-74-0
DM 19,80 ÖS 147,– SFr 19,80

Leber-und Gallenleiden – *Ursachen, Symptome, erfolgreiche Naturheilverfahren,*
von Gerhard Leibold
129 Seiten, Zeichn., kart.,
ISBN 3- 926955-76-7
DM 19,80 ÖS 147,– SFr 19,80

Nahrungsmittelallergien – *Ursachen, naturheilkundliche Behandlung, Ernährungsumstellung – Mit 80 Rezepten,*
von Manfred A. Ullrich
179 Seiten, kart.,
ISBN 3-926955-77-5
DM 19,80 ÖS 147,– SFr 19,80

Dr. Werner Jopp Verlag Wiesbaden